Primero las damas

Guadalupe
Loaeza

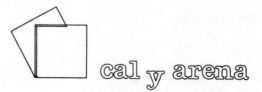

cal y arena

Tercera edición: *Cal y Arena, 1990.*

Diseño de la maqueta: *José González Veites, Efraín Herrera.*
Ilustración: *La ilustración francesa (1939)*
Fotografía: *Frida Hartz*
Viñetas: *Rafael Barajas, El Fisgón*

© Guadalupe Loaeza
© Aguilar, León y Cal Editores, S. A. de C. V.
Culiacán 41, Col. Condesa. Delegación Cuauhtémoc
06100 México, D. F.

ISBN: 968-493-197-2

IMPRESO EN MÉXICO

Esta obra terminó de imprimirse
en julio de 1990 en EDITORIAL ANDRÓMEDA, S. A.
La encuadernación estuvo a cargo de
EDITORA Y ENCUADERNADORA RAF, S. A.
La edición consta de 3 000 ejemplares.

Para Lolita, Diego y Federico

Para Dolores Tovar, mi madre

Para Miguel Angel

Indice

Miroslava

Mientras en el radio cantaba Virginia López: "Tú me has dado a comprender que no te importo nada, que me diste tu amor por equivocación...", Miroslava Stern manejaba su automóvil sobre la avenida Gutemberg, como si filmara una película en cámara lenta. Casi no había coches; eran las cinco y cuarto de la tarde del miércoles 9 de marzo de 1955. El cielo intensamente azul y las palmeras verdes sobre el camellón, hacían amable el atardecer. Sin embargo, Miroslava parecía no advertir tanta amabilidad. Sumida en sus pensamientos, repasaba las palabras de su entrañable amigo Ernesto Alonso, con quien acababa de comer en el "Quid". "La vida es mucho más sencilla. Somos nosotros los seres humanos, los que la complicamos terriblemente. ¡Olvídalo, mujer! Estás perdiendo tu tiempo. Ese gachupín no te llega ni a los tobillos. Tú, Miros, vales muchísimo por tu carácter, por tu obsesión en superarte, por tu amor a la vida y por tu constante alegría. ¿Te acuerdas cómo nos hacías reír cuando hicimos *Ensayo de un crimen*? Había momentos que temía soltarme a carcajadas en plena filmación. ¡Animo mujer! Piensa en todos los éxitos que te esperan. ¿Sabes que al venir aquí pasé por el cine México y ya había cola para ver *Escuela de vagabundos*? Así es que de ahora en adelante, me vas a hacer el favor de dedicarte a vivir y a ser feliz. ¿No acaso tu nombre quiere decir fiesta y paz?"

En la esquina con Kepler, dio vuelta a la derecha. Y muy lentamente llegó hasta el número 83 y paró el auto frente a la cochera. La casa tenía fachada de cantera y un pequeño jardín en el frente con un seto de "truenos", muy frondosos. La reja y la puerta estaban pintadas en blanco. En el radio seguía la voz de Virginia López: "Y yo no sé qué hacer, si reír o llorar. O llenarme de pena o sufrir la condena de tu mal proceder". Miroslava bajó del coche, abrió el garage y metió el auto. Una vez adentro, apagó el motor y esperó a que terminara la canción: "Porque mi corazón cansado de sufrir ya no resiste más esta condena cruel. Tú me has dado a comprender que no te importo nada...".

Al bajar del automóvil, encontró a sus pies a los dos perros, que parecían felices de verla. Miroslava, que siempre los saludaba con entusiasmo, esa tarde ni siquiera los miró. Cerró las puertas del garage y se dirigió hacia la cocina. Allí se topó con Rosario Navarro viuda de Nava, su ama de llaves, que venía a su encuentro. "¡Ah!, justamente quiero hablar con usted", dijo Miroslava. "Dígame", respondió la señora con su eterna actitud entre hosca y servil. "Al ratito va a venir una persona a buscarme, pero no quiero recibir ni hablar con nadie. Quiero descansar. Voy a recostarme y no me moleste ni aunque venga mi padre. Espere a que yo le llame con el timbre", le ordenó mientras se quitaba los guantes blancos. Su voz, que de costumbre era cálida, a Rosario le pareció en ese momento particularmente seca. Hacía semanas que la notaba nerviosa y muy triste, desde el regreso de su viaje por Europa, el 20 de diciembre. Al cabo de ocho años de trabajar con la Sra. Stern, podía identificar sus diferentes estados de ánimo. Justamente por el tono de la voz, Chayo, como la llamaba su patrona, sabía hasta qué punto se encontraba deprimida.

Juntas se encaminaron al interior de la casa. Miroslava se adelantó a la pequeña cantina, que se encontraba antes de llegar al comedor, junto a una reja de madera, por la que trepaban enredaderas, sacó una botella de jerez y sirviéndose una copa, le dijo a Chayo: "Ya va a hacer una semana que no tenemos cocinera. Y a mí francamente no me gusta la comida que usted compra en la super cocina. Quiero que hoy mismo, me busque una". Acto seguido, de un solo trago, se tomó la copa. "Si usted quiere voy con mi amiga Irene

14

que vive por la colonia Portales. Ella conoce varias muchachas que buscan empleo". "Pues vaya usted ahora mismo y procure conseguir a la cocinera. Esta tarde, no la voy a necesitar. Si quiere, quédese en casa de su amiga hasta mañana. Cuando regrese, espere a que yo la llame. Le repito, quiero reposar a mis anchas, me hace mucha falta este descanso", le dijo sirviéndose otra copa más. "Muy bien, entonces ya me voy antes de que se me haga noche".

Cuando la puerta de la cocina se cerró detrás de Chayo, Miroslava se fue a la sala y se sentó en el sofá tapizado en lana fina color gris arena, como la alfombra. Con la copa entre sus blanquísimas manos, observó lentamente cada rincón de su casa. Los muros estaban pintados en gris perla, el mobiliario era moderno y de buen gusto. Por todos lados, se veían arreglos florales. La mayor parte de ellos parecían fatigados, pues habían sido enviados hacía exactamente ocho días por sus admiradores, que la habían visto por XEW TV Canal 2, en el programa "Visitando a las Estrellas", conducido por Paco Malgesto. En el centro de la sala, sobre una mesita de caoba oscura, había un ramo de azucenas blancas, en que todavía se encontraba la tarjeta de la florería Matsumoto, donde se leía: "Para ¡Miros mango!". Sobre la misma mesa, había varios ceniceros de porcelana y de plata. Arriba de la chimenea, un retrato de la actriz la mostraba muy sonriente y con el pelo rubio. En una de las pequeñas mesas redondas que se encontraban a cada lado del sofá, había un gran marco de plata con la fotografía de la señora Miroslava Becka de Stern, madre de la artista, muerta en 1944. Encima de una cómoda, comprada en Decor, varios objetos antiguos, un florero con dos gardenias y algunos libros de Guy de Maupassant, de los hermanos Machado y de Benito Pérez Galdós.

Miroslava veía todo como si descubriera cada objeto. Cuando sus ojos se encontraron con los de su madre en la fotografía, su expresión se entristeció aún más. Súbitamente, terminó su jerez y se puso de pie. Caminó hacia el comedor de muebles finos de madera oscura, en cuyas vitrinas se veían copas de cristal de Bohemia y vajillas de

15

porcelana alemana. Se miró en el espejo del trinchador y se sorprendió por su palidez. Los dos perros no dejaban de agitarse a sus pies. Miroslava abrió la puerta de la terracita a un lado del comedor y los sacó, pronunciando unas palabras en checo. Dejó su copa sobre la cantinita y se asomó a la cocina, para verificar si ya se había ido el ama de llaves.

Para evitar la luz que aún penetraba por las ventanas, Miroslava decidió correr todas las cortinas en gasa blanca de la planta baja. En seguida, subió las escaleras. Como si sintiera un cansancio de años, subió cada escalón, apoyándose con fuerza sobre el grueso barandal.

Cuando Chayo salía por el garage, con su suéter de cocoles color mostaza y su portamonedas en la mano, se encontró con el licenciado Eduardo Lucio, apoderado de Miroslava. "Vengo a ver a la señora", le dijo a Rosario. "La señora no está. ¿Quiere que le dé algún recado?", mintió con toda naturalidad. "¡Qué raro! Porque ella misma me dio cita. Bueno, entréguele por favor estos papeles. Dígale que me urge verla para ver unas cuentas y un proyecto de contrato. Yo le llamo mañana para fijar otra cita con ella. Muchas gracias". El ama de llaves lo vio partir en un Mercury guinda. Mientras atravesaba la calle de Cuvier pensó: "A mí ese licenciado no me gusta. Tiene cara de detective, como los que salen en la televisión". Apurando el paso, se fue hasta la avenida Mariano Escobedo para tomar su primer camión, el Juárez-Loreto, ya que para llegar a la Portales, tenía que tomar también un Villa-Clasa.

Por la ventana de la recámara, Miroslava vio cómo se fue alejando Chayo. Bajó las persianas, corrió las cortinas y cerró la puerta con llave. Frente a la gran luna de su tocador, se quitó la chaqueta de antílope negro, que se había comprado en Madrid y se recostó sobre la cama.

Su recámara era toda blanca. Desde la entrada, se percibía un fuerte olor a flores, proveniente de los frascos de perfumes y aguas de colonia que Miroslava tenía costumbre de acumular. Los recibía de regalo o ella misma los compraba. Sobre su tocador, laqueado en blanco y comprado en la mueblería Francis, se veían decenas de frascos de todos

16

tamaños. Unos nuevos, otros a medio llenar y algunos hasta vacíos. Cuando Chayo hacía la recámara, le gustaba arreglar por orden de tamaños esas botellitas. Las que aún se conservaban dentro de estuches de lujo, las ponía contra la gran luna francesa, lo que hacía que se multiplicaran. Le llamaban la atención las marcas: Jolie Madame, de Balmain; Femme, de Marcel Rochas; Joy, de Jean Patou; Heure Bleue, de Guerlain; y L'Air du Temps, de Nina Ricci. Luego acomodaba los de tamaño menor, los extractos, hasta llegar a los miniatura.

A Miroslava cada fragancia le recordaba algo especial. Con Miss Dior, se acordaba de cuando había filmado en 1946 *Cinco rostros de mujer*, con Arturo de Córdova. El olor acaramelado de Chanel No. 5, le evocaba los días de *La casa chica*, una de sus películas preferidas. Cuando se perfumaba con este aroma, venían a su memoria los ensayos con Roberto Cañedo y Dolores del Río, a quien tanto admiraba. A Pedro Infante lo relacionaba con el olor de Luit de Longchamp de Lubín. "Oye, Miros, hueles a todo dar. Un día de éstos te voy a raptar", le decía Pedro, cada vez que repetían la escena de amor sobre la fuente en *Escuela de vagabundos*. Siempre que se ponía Dix de Balenciaga, no podía evitar sonreír, porque en seguida se acordaba de Cantinflas. Después de la filmación de *A volar joven*, en 1947, se habían hecho muy buenos amigos. A Miroslava no se le podía olvidar aquel 15 de septiembre que la invitó con otros amigos a escuchar El Grito, sobre la terraza del hotel Majestic. Mientras esperaban que saliera al balcón el presidente Miguel Alemán, le preguntó: "Dime, ángel del cielo, ¿cómo se llama tu perfume, que me está poniendo de tan buen humor?". "Diez", respondió Miroslava con una sonrisa angelical. "Como quien dice, que cuando tú naciste así te pusieron de calificación. Lo único que les faltó, fue ponerte la mención que te pongo yo porque soy como tu *teacher*". Así le dijo Cantinflas bajo una luna muy patriota y antes de que se gritara: "¡Viva México!".

Sin embargo, había uno que Miroslava evitaba ponerse a toda costa: era el único que le recordaba cosas tristes.

Jamás se imaginó Madame Carven que una de sus fragancias de más éxito provocaría tanto dolor a una de sus clientas. Con un gran frasco de Ma Griffe, Luis Miguel "Dominguín", se presentó el 28 de octubre de 1954 en el aeropuerto Barajas para recibir a la amiga que había conocido en Estados Unidos durante la filmación de *Más fuerte a caballo* donde Miroslava interpretaba el papel de amazona. "Como te quería traer tantas flores, Miroslava, pues decidí meterlas toditas en este frasco, para que perfumen tus días en Madrid", le dijo el torero. Por eso, a últimas fechas había optado por esconder aquel frasco de Ma Griffe, entre sus suéteres, en el fondo del clóset.

En el gran espejo, se reflejaba la silueta de Miroslava recostada sobre la cama. Su cabello oscuro contrastaba con la cabecera capitonada en raso de seda color marfil. De la misma tela eran las cortinas, el sobrecama, dos banquitas y las pantallas de las dos lámparas, que se encontraban sobre mesitas de cristal, que hacían las veces de buró. Cerca de donde se encontraba la artista acostada, había un portarretrato con tres fotografías: su madre en el centro; su padre y su hermano Ivo, en los extremos. También había un radio portátil Zenith, un libro de Kafka y un cenicero de porcelana. Arriba de la cabecera, en el centro del muro, colgaba un cuadro que representaba a una niña muy rubia, al lado de un perro blanco.

Poco a poco, la recámara se fue oscureciendo. Afuera, en la calle de Kepler, se escuchaban algunos coches, probablemente de vecinos que regresaban a sus casas. Miroslava no dormía: con los ojos semicerrados, intentaba poner en orden sus ideas, que parecían metidas en un laberinto. De repente se dio cuenta que tenía los pies muy fríos. Se incorporó, levantó levemente las puntas de la colcha, los cubrió y volvió a recostarse. En el reloj del buró, eran las 7:20.

"A ver de dónde saco fuerzas para escribir esas tres cartas. Pero antes debo tratar de tranquilizarme. Quiero que estén lo más claras posible. Pobre de papá, lo que va a sufrir. El odia los escándalos. También mi Ivo me da pena. Es tan sensible. Jamás me lo perdonarán. Por eso tengo que escribir esas cartas, para tratar de explicarles. Si supieran cómo los quiero. Pero cada vez me convenzo más de que también es lo mejor para ellos. Con el tiempo los hubiera mortificado todavía mucho más. Puedo imaginarme muy claramente, cómo sería mi vida en el futuro, hasta dónde podría llegar y la cantidad de tonterías que podría hacer. A lo mejor ni los sorprende. Claro que se pondrán muy tristes, pero después se sentirán más aliviados sin mí. Con todas mis cosas yo los apenaba demasiado. Estoy segura de que papá lo veía venir. El me conoce. Todavía en febrero, el pobre se puso como un loco porque Chayito le llamó para decirle que estaba a punto de hacer una tontería. "Mire, mi hijita. ¿Otra vez con esas locuras?", me preguntó. Estaba palidísimo cuando sacó de mi bolsa aquel frasco con píldoras rojas. Por eso enseguida llamó al Dr. Pascual y del Roncal, para que tratara de quitarme esta terrible idea de la cabeza. Pero él nada más me dio pastillas para tranquilizarme y recomendó reposo. ¿Cómo puedo reposar con todo lo que siento dentro de mí? Perdóname papá que te cause dolor. Soy muy débil. Tú que siempre nos educaste con tanta disciplina, siempre procurando darnos el mejor de los ejemplos, mira cómo te pago. ¡Ay papá, si pudieras verme en estos momentos, te daría tanta vergüenza! Pero ya no sé de dónde sacar fuerzas. Dentro de mí siento un gran vacío, mucha desesperanza. Me siento muy sola, muy triste de tener que dejarlos. Ojalá que un día puedas perdonarme. Es horrible admitirlo, pero siempre he estado muy sola. Te preguntarás por qué nunca te hablé de esto. Tampoco a mis amigos les hablé de mis problemas. Al contrario, siempre procuraba mostrarles lo mejor de mí, pero cuando me encontraba sola, de inmediato me sumía en mis miedos. "¡Qué bonito carácter tienes!", decían muchos de ellos, sin imaginarse que en el fondo me sentía muy infeliz. Pero yo siempre me negué a mostrarles este aspecto. Temía demasiado al rechazo. Yo quería que me aceptaran, que me quisieran. A como diera lugar quería pertenecer al gremio, para tener la sensación de pertenecer a algo. Deseaba identificarme con mis compañeros. Pero no era fácil, porque yo me sentía muy distinta. Cuando salía de los estudios e iba a verte a ti y a Sofía, la identificación que creía haber logrado momentos antes en mi trabajo, se esfumaba de inmediato. Tu casa era otro mundo, un mundo que ya no me pertenecía, pero que sin embargo continuaba siendo el mío. Cuando hablábamos en checo, sentía que estaba interpretando una actuación de mi pasado. Si hacían críticas negativas hacia México, no sabía si indignarme o unirme a ellas, porque coincidía con ustedes. Si me preguntaban acerca de mis proyectos, en seguida sentía, papá, que te distanciabas. Hacías como que me escuchabas, cuando en realidad sentía tu reprobación. Por eso cuando salía de Amberes 9, me sentía triste y confusa. "¿A dónde pertenezco entonces?" A lo mejor si viviera mamá, no me sentiría tan confusa. Su bondad y ternura siempre me dieron mucho equilibrio. La extraño tanto, papá. Se nos fue tan rápido. ¿Te acuerdas que por las noches nos cantaba canciones checas? Pobrecita de mamá, murió tan lejos de su país. Ni tiempo le dio de adaptarse. Sufría tanto con la comida y con el idioma. ¿Te acuerdas cómo le costaba trabajo decir "Teotihuacán"? ¡Ustedes se querían tanto, eran tan unidos! Cuando estaba enferma, recuerdo que nos íbamos los cuatro a pasear en el coche por Las Lomas. Manejabas muy despacito por toda Reforma hasta arriba, allá por donde vive Cantinflas, para que tomara aire puro. Ella no hablaba, nada más miraba por la ventana. En sus ojos, papá, había tanta tristeza. Muchas veces he pensado que aparte del cáncer, mamá murió de nostalgia, por el exilio. Porque ella sabía que nunca más iba a regresar a Checoslovaquia. Allí se quedaron siempre sus hermanos, sus tíos, los recuerdos de toda una vida. A mí también me costó trabajo despedirme de mi país, de mi abuelita, que era tan linda conmigo. Yo era su consentida. Nunca se me olvidará un sábado que me llevó al Teatro Nacional a ver *El Lago de los Cisnes*. Este sábado, por mí nada más pagó una corona, porque era el día de los estudiantes. Saliendo fuimos a tomar un chocolate caliente y pastel de almendra. Era invierno, en las calles, aparte de la bruma, había mucha nieve. El Puente Carlos se veía precioso alumbrado con aquellos faroles que se reflejan en el río. Yo nunca te conté, papá, que de niña, cuando acabábamos de llegar a México, por las noches lloraba sólo de acordarme de los parques, los paseos por tranvía, los postres que hacía abuelita especialmente para mí. Mentalmente recorría los corredores de la escuela, veía la cara de mis compañeras, de mis maestros. "A lo mejor ya se murieron todos", pensaba llorando. En esa época, yo no entendía nada de lo que pasaba en el mundo. No entendía si ser judío era bueno o malo. Si los que se habían quedado iban a morirse. En el Colegio Americano, los maestros y alumnos hablaban de la guerra. Y yo sentía vergüenza. Me sentía mala por haber dejado a todos mis parientes. Entonces pensaba en abuelita, me la imaginaba muy solita en su casa, extrañándonos mucho. Me acordaba de los primos, de los vecinos que tenían un bebé, de la señora de la panadería. "¿Tú crees que ellos también salieron, mamá?", le pregunté un día. "Todos no, porque no tienen dinero", me contestó. Y yo quería mandarles dinero mexicano, para que se vinieran a nuestra casa. Ay, papito, era tanta mi tristeza que me quería morir. "¡Que me muera, que me muera!", decía en la noche con los ojos bien cerrados. Al otro día, cuando me sentía viva y que aún me encontraba en mi cama, estaba muy desilusionada. Esta obsesión se me fue quitando con el tiempo. Cada día que pasaba me sentía más adaptada a México. Jamás olvidaré cuando llegamos de Veracruz al Distrito Federal. La ciudad me pareció lindísima. La veía enorme. Me impresionaron sus avenidas con palmeras, sus fuentes. Lo que más me gustaba era el Paseo de la Reforma, porque algunas de sus casas me recordaban las de Praga. Cuando descubrí que así se llamaba una calle, quería que nos fuéramos a vivir allí. ¿Te acuerdas cuando fuimos a Xochimilco y casi me caigo de la trajinera? Allí escuché por primera vez *Cielito lindo*. Después la sirvienta me la enseñó y todo el día se la cantaba a mamá, porque a ella también le gustaba mucho. Yo quiero mucho a México. Siento que desde el primer día adoptó a toda la familia Stern Becka. Por eso cuando me mandaron al internado a Nueva York, sufrí muchísimo. Era como estar padeciendo un exilio sobre el exilio. De nuevo la tristeza comenzó a angustiarme. Empecé a sentirme terriblemente sola. Por eso, papito, tomé aquel veneno. Desde entonces creo que la muerte y yo nos estamos correteando. ¿Por qué, papá, cada vez que me siento triste me quiero morir? Dirás que por cobarde. "Miri, hay que aprender a ser felices" me dijiste un día que me viste muy deprimida. Pero yo nunca pude aprender. Aprendí otras cosas, a no llegar tarde a un compromiso, a ser responsable, a ser discreta, a ser amable, a ser adaptable, a ayudar a los demás, a hablar correctamente los idiomas, a apreciar la música clásica y la ópera, a todo eso aprendí gracias a mamá y a ti. Pero yo no nací para ser feliz. Siempre he vivido con la tristeza dentro de mí. Aunque no se me note, así es. Por eso, para no sentirla prefería trabajar y trabajar. En eso me parezco a ti. ¿Te acuerdas que a la hora de las comidas te instalaban el teléfono a un lado por si algún enfermo llamaba? Siempre que te hablaban, salías disparado con la comida en la boca. Yo admiraba tu sentido del deber, pero odiaba a aquel paciente que te había alejado de mí. Papá, explícame ¿por qué a veces me costaba tanto trabajo sentir tu cariño? Sé que en la familia las demostraciones de amor no se daban mucho. Pero a veces te sentía tan frío y distante. Creo que nunca llegaste a sentir realmente todo el amor y la admiración que siempre te he tenido. Si lo sentías, entonces, ¿por qué actuabas por momentos con indiferencia? Quizá porque estabas muy ocupado también, tratando de no identificar tu propia tristeza. Porque tú también has sufrido mucho. Al llegar a México, tuviste que trabajar mucho. Ahora, a tus 54 años y después de haber pasado por tantas cosas, te debes de sentir muy satisfecho, tienes un prestigio como cardiólogo y cirujano. Colegas y pacientes te respetan y te quieren. "Su papá es muy decente" me dijo el otro día el Dr. Pascual y del Roncal. También Sofía ha contribuido mucho a esta situación. Ha sido una compañera perfecta para ti. Siempre ha sabido apoyarte en todo. La casa de ustedes siempre está llena de gente importante y Sofía sabe atenderlos con mucha generosidad. Es una excelente anfitriona. Siempre le he admirado su buena cocina. Vas a ver cómo ella les va a ayudar ahora que me haya ido. Además muy pronto se casarán Ivo y Elena. Ellos sí te van a dar nietos. Desgraciadamente yo nunca pude, pero creo que fue mejor así. Ay, papito, te he dado tantas mortificaciones. Primero mi divorcio, después mi carrera y ahora esto. Te doy vergüenza, ¿verdad? Pero siempre te la he dado. Quizá lo que a ti te gustaría es verme casada y con hijos. Yo no sé si estaba hecha para el matrimonio. Después del mío, me parecía dificilísimo volverme a casar. No me lo vas a creer, pero los hombres me tienen miedo, piensan que soy inaccesible. El único que no pensaba así era Luis Miguel, porque sí me conoció tal y como era. Pero él ya no me importa. Eso ya se acabó. Ahora me iré con mamá. Por favor piensa en eso. ¿Te acuerdas cuando mamá me cosió mi vestido largo para concursar en el baile del Blanco y Negro? ¡Era precioso! Estoy segura de que el jurado votó por mí porque el vestido era lindísimo. El organdí lo compró mamá en Casa Armand. El mismo Sr. Armand nos atendió porque mamá le habló en francés. *"Je suis sur, que votre fille va gagner"*, dijo cuando nos acompañó a la puerta. Recuerdo que en el centro de la gran flor que llevaba del lado derecho, mamá me colocó su prendedor de perlas y brillantes. "Mirushka, no lo vayas a perder, porque me lo regaló abuelita cuando me casé", me dijo mientras me lo cosía muy firmemente. Por eso cuando bailaba con el Sr. Harry Wright, presidente del Country Club, todo el tiempo estaba vigilando el broche. ¿Creerás, papá, que todavía me parece increíble haber ganado ese concurso? No sé si te acuerdas que había unas chicas preciosas. Yo estaba segura que iba a ganar la de Nicaragua. Por eso cuando oí mi nombre por el micrófono, no lo podía creer. Tomé tiempo para reaccionar. ¿Verdad, papá, que entonces ustedes estaban muy orgullosos de su hija? ¿Verdad que sí? Yo me sentía feliz, con mi corona de brillantes frente a todos esos fotógrafos que me tomaban fotos y más fotos. Cuando se corrió la cortina de terciopelo, yo tenía ganas de llorar. Después vinieron muchos periodistas y me hicieron gran cantidad de preguntas. Me acuerdo de una en especial: "¿Le gustaría ser artista de cine?". Sonreí y rápidamente contesté: "No lo he pensado nunca. Estoy estudiando". Apenas un año después acepté un contrato para una película. ¡Ay, papá!, ¿para qué me habrán elegido reina esa vez? ¿Qué hubiera pasado, si no hubiera ganado? ¿Dónde estaría en estos momentos? A partir de entonces, cambió tanto mi vida. Todo pasó tan rápido. Mi matrimonio con Jesús Jaime fue tan precipitado... y luego, cuando me pidió el divorcio, creía que el mundo se me venía encima. Inmediatamente, pensé en ustedes, en el dolor que les iba a causar, sobre todo que siempre se opusieron a que nos casáramos. En ese momento yo era muy infeliz, por eso rápidamente acepté el contrato con los estudios Clasa. "Hemos rescatado a una reina", decía su publicidad anunciando mi primera película, *Bodas trágicas*. ¿Te das cuenta de que el título convenía muy bien con la realidad? Desde entonces papá, me he sentido en medio de un rehilete. Dando vueltas y vueltas, mareándome con 26 películas. Jamás fallé a un ensayo. Siempre procuré ser puntual. Dentro de veinte días se estrenará *Ensayo de un crimen*. Otro título que también corresponde con la realidad. No podía irme sin terminarla. ¿Sabes que nos contó Buñuel que dos actores que trabajaron en su película *El perro andaluz*, se suicidaron? ¿No te parece extraña esta coincidencia? A pesar de haber trabajado tanto, no me siento satisfecha. Sé que no soy una excelente actriz. Nunca me gusté en mis películas. Siempre me encontraba torpe, poco natural. Quería llegar a ser una gran actriz. Estaba cansada de que siempre me hablaran de mi físico, y no se refirieran a mi actuación. Por eso decidí pintarme el pelo de negro, porque sabiendo que me quedaba mejor el rubio, quería que el espectador se fijara más en mi actuación. Quizá también era una forma de sentirme más mexicana y de dejar de ser "la artista checoslovaca del cine mexicano". Ahora ya no seré ni artista checoslovaca, ni mexicana. Ya no seré nada. Papito, te quiero terriblemente. También a Sofía la quiero. Cuando te casaste con ella, lo comprendí. Así como siempre fue amiga de la familia, se convirtió en tu mejor amiga. A ella quisiera dejarle mi colección de rebozos. Perdóname, pero verás que es mejor así. De otra manera nada más te mortifico y con el tiempo llegaría a ser un estorbo para todos, provocándoles mucha vergüenza. Por favor cuando pienses en mí, no tengas ningún remordimiento".

Mientras repensaba su vida, las lágrimas escurrían a lo largo de su hermosísima cara blanca como la cera. Ya para entonces su cuarto estaba completamente oscuro. Por eso se incorporó y encendió la lámpara del buró. Eran las 8:25.

Se paró de la cama, se dirigió al clóset y sacó una bata azul marino de lana fina. En el cuello y en los puños tenía lunares blancos. La tendió sobre la cama, salió del cuarto y fue al baño. Prendió la luz y abrió la llave del agua caliente de la tina. En seguida, se oyó cómo se activaba el calentador Calorex en la cocina. Regresó a su recámara. En el corredor se encontraban varias cajas de cartón repletas de álbumes de fotos, zapatos, botas de montar, retratos, libros, y otros objetos personales. Contra el muro, colgaban algunos vestidos de coctel y de calle, esperando ser empacados. Miroslava estaba a punto de cambiarse a un espléndido departamento sobre el Paseo de la Reforma. Había firmado ya un contrato por un año.

Nuevamente cerró la puerta de su recámara con llave y se desvistió. Primero se quitó las medias, finísimas, de marca Van Raalte. Después, el cinturón negro de tela con hebilla dorada y la blusa de seda blanca, en cuya etiqueta se leía Boutique Gina, Piazza Spagna, Roma. Por último, se quitó la falda negra de paño. Sobre la ropa interior se puso la bata. Salió del cuarto y fue a la pieza del fondo, que servía como estudio. Los muros estaban cubiertos de libreros. Muchos libros en desorden, junto con pequeños trofeos y recuerdos de su reciente viaje. Colgadas, había muchísimas fotografías. Con la actriz, aparecían artistas de cine, directores, cantantes, periodistas y locutores: Rock Hudson, Dolores del Río, Pedro Infante, Cantinflas, Angel Garaza, Armando Calvo, el "Chino" Herrera, Manolo Fábregas, Wolf Ruvinskis, Irma Dorantes, Luis Buñuel, Carmen Montejo, Roberto Gavaldón, Paco Malgesto, Agustín Barrios Gómez, Andrea Palma,

Arturo de Córdova, Antonio Badú, Miguelito Alemán, Rodolfo Landa, etc. Confundidas con estas fotografías estaban también las familiares: Miroslava a los 13 años, con sus padres, al pie de las pirámides de Teotihuacán; junto con su hermano Ivo, sobre un trineo en el jardín Strahov; con sus compañeras de High School del colegio Americano; en el baile del Blanco y Negro en 1946, entregándole la corona a la Reina Natalia Herrera Calles; entre su primo Otto y su mujer Alicia, poco antes de que ella muriera trágicamente; a los diez años, tocando el piano; con Alfred C. Blumenthal en el Ciro's; con un grupo de amigos americanos, en el Club La Perla, del Hotel Mirador de Acapulco; con Georgette Alcoriza en el mercado de Taxco; en traje de baño a punto de echarse un clavado en el lago de Tequesquitengo; durante el último festival de Cine de Venecia; con un vestido precioso, diseñado por Valdez Peza; abrazando tiernamente a su madre; en la Plaza de la Señoría en Florencia, fotografiada por "Dominguín"; luciendo maravillosamente bien el traje cañí durante su viaje a Madrid; en la plaza de toros, al lado de los Alcoriza; saltando a caballo; en compañía del Lic. Ezequiel Padilla, Ministro de Relaciones Exteriores y su esposa Guadalupe Coutollenc de Padilla, en el Country Club en 1943, cuando fue elegida reina. También había fotografías viejas: la boda de sus padres en la catedral de San Guy; el Dr. Óscar Stern, en bata blanca, junto a dos colegas a las puertas del hospital del que era director; la vieja casona de los abuelos Stern; el padre de Miroslava, durante una recepción en el Club Checoslovaco, levantando su copa; sus padres en Venecia, frente a la Catedral de San Marcos, rodeados de palomas; toda la familia Becka, en la casa de verano, etcétera.

De un secreter Miroslava sacó hojas de papel y tres sobres aéreos. Abriendo y cerrando varios de sus cajoncitos, buscaba la pluma Parker que le regaló su padre en la Navidad pasada. "Para que le escribas a ese enamorado que te trae de cabeza", le dijo cuando le entregó el paquetito muy bien envuelto de la Galería Misrachi. Finalmente la encontró. Salió del estudio, pasó al baño. La tina estaba casi llena. Cerró la llave. Regresó a su recámara. Colocó los sobres y la pluma encima del tocador y volvió al baño. Se quitó la bata, la ropa interior y se metió a la tina.

El agua estaba demasiado caliente, pero pensó que esta temperatura la relajaría. Poco a poquito se fue sumergiendo. Cuando el agua cubrió por completo su hermoso cuerpo, éste parecía aún más blanco, marfilino. A pesar de su serenidad, se sentía que ese cuerpo tan joven sufría profundamente. Era tanto su dolor, que por momentos se hubiera creído que emitía un imperceptible gemido. "Parece que estoy flotando en el río Vltava", reflexionó, mientras veía sus brazos. El agua le llegaba hasta la barbilla y le mojaba ligeramente las puntas del cabello. Esa mañana había ido al salón de Gloria Duval, donde había tenido que llamar fuertemente la atención a Rosa María, la manicurista, por no atenderla de inmediato. "Hoy la Sra. Miroslava está particularmente nerviosa. ¿Quién sabe qué mosca le picó?", había comentado con sus compañeras mientras comía una torta a la hora del almuerzo.

El vapor hacía que la palidez del rostro de Miroslava se atenuara. Poco a poco sus mejillas iban sonrosándose. En su frente brotaron algunas gotitas de sudor. Con la cabeza recargada sobre el borde de la tina, por primera vez en muchos días empezó a sentirse realmente relajada, como alguien que ya tiene todo listo para emprender un viaje muy largo: "A ti, Luis Miguel, no te escribiré ninguna carta. Te recuerdo que jamás me contestaste las dos que te mandé. Además, ¿para qué te he de escribir? Si en estos momentos estás tan ocupado en tu luna de miel. Fíjate, que yo también estoy celebrando algo: mi liberación. ¡Solamente una idiota se enamora de un torero! ¡Ni modo! Soy una romántica, como todos los de la familia Stern. Lo que pasó es que me conquistaste, y como buena mexicana me dejé conquistar por un español. Pero no es tu culpa. Tú no sabías cómo iba a responder. Reconozco que tus atenciones me impresionaron mucho. Correspondían perfectamente con la idea que yo tenía en México sobre el caballero español. Además me gustaba que fueras tan dulce y al mismo tiempo fuerte y valiente. Eres el seductor perfecto. Sabes muy bien cómo gustar a las mujeres. Me encantó tu alegría, pero quizá lo que más me conmovió en ti, fue que atrás de esa alegría descubrí una enorme tristeza. Fíjate que tú y yo nos parecemos mucho en eso. Por eso, cuando nos conocimos, en seguida nos sentimos atraídos. Estarás de luna de miel, pero no me vas a negar que te gusté mucho. Te hacía reír mucho. Te divertía cómo hablaba, mis expresiones. ¿Te acuerdas cómo la pasamos en Capri? A fuerza querías sacarme fotos cada cinco minutos. ¿Ya se las enseñaste a tu novia? Perdón, ¿a tu mujer? Bueno, pero eso fue hace muchos meses. Lo que no te perdono, es que no me hubieras contestado mis dos cartas. Eso no me parece muy correcto en un caballero español. Lo que fue el colmo, es haberme enterado de tu boda por los periódicos y no por ti mismo. ¿Así actúan los caballeros españoles? Sinceramente no sabía. ¿Te acuerdas de la campanita que me compraste en la tienda de antigüedades en Capri? Bueno, pues le pediré a Ivo que te la mande a tu casa de Nervión 25. La campanita será mi regalo de boda. Ojalá que te traiga mucha suerte. Porque la necesitas. Lo que más necesitan los toreros, es suerte, ¿verdad? Luis Miguel, tú y yo nos parecemos mucho. Tú tampoco has sido feliz, ni has dejado de ser un niño. Y como yo, también estás muy solo. Hay algo de trágico en los dos. A ambos nos atrae la muerte, pero a la vez le huimos. Pero ya ves, yo ya me decidí. En cambio, tú seguirás provocándola, buscándola y huyendo. Pobre Luis Miguel, nunca llegarás a ser feliz. Pero lo peor es que jamás podrás hacer feliz a tu esposa. No lo digo por despecho, lo digo porque te conozco. Llevas demasiada tristeza dentro de ti. Un día me preguntó un periodista español, creo que se llamaba Martín Abizandal: '¿Llegaría a casarse con Dominguín?'. '¡Nunca!', le contesté, 'él y yo tenemos igual miedo a una cosa: a los hijos. Nuestras desdichas juntas serían transmitidas a otros seres. Además, no sabría hacerme encontrar la tranquilidad'. Y como esa tranquilidad no me la puedes dar tú ni nadie, la voy a buscar yo sola. ¿Te acuerdas que de esto hablamos en Madrid? También te dije que tenías todo en la vida y que lo único que te faltaba era que una mujer se suicidara por ti. Te reíste mucho. Y ya ves, ahora podrás poner en tus memorias que una mujer estaba tan loca por ti que hasta se quitó la vida. ¿Te sigue pareciendo gracioso? ¿Te acuerdas de la mitad de la moneda mexicana que te regalé y que yo me quedé con la otra? También te la enviaré para que juntes las dos partes y formes una moneda completa".

En ese momento, Rosario bajaba del camión Juárez-Loreto en Mariano Escobedo. Al no encontrar a su amiga Irene, decidió regresar a casa de su patrona. Eran las 9:10 de la noche.

Desde la esquina de Cuvier, vio luz en la recámara de la Sra. Miroslava. Pensó que quizá estaría leyendo. "No le voy a avisar que llegué, para no molestarla. Está en ese estado por el torero. Pobrecita, ¡cómo sufre!", se dijo.

Entró por el garage. Fue a la cocina, se sirvió un vaso de agua y tomó una naranja del frutero que se encontraba sobre la mesa de un pequeño desayunador. En seguida, se dirigió al patio trasero y subió una escalera de fierro en forma de caracol. Llegó a su cuarto, prendió la luz y cerró la puerta. La pieza era pequeña y nada más tenía una cama, una mesita y un ropero de pino. Pegadas a la pared, había fotografías de Miroslava, estampitas de la Virgen de Guadalupe y una foto ovalada de su marido, el Sr. Roberto Nava. Caminó unos pasos hacia la mesa que hacía veces de buró y encendió el radio Majestic para escuchar la pelea del Ratón Macías. Se sentó sobre la cama y empezó a pelar su naranja. Con el volumen muy bajito escuchaba:

"Los dos hombres se golpean a media distancia, sin gran eficacia. Macías repite un gancho hacia la izquierda, a la cara de Songkitrat. El mexicano logra conectar dos fuertes golpes al cuerpo, uno ligeramente bajo. El mexicano tiene ya la iniciativa de la pelea. Se lanza sobre su adversario, que retrocede y esquiva los ataques de Macías. Songkitrat, que no ha escuchado la campana, golpea a su adversario en la cara después de haber terminado el tercer round. ¡Ventaja de Macías!", narra con efusividad la inconfundible voz de

Agustín Alvarez Briones, desde el Cow Palace en San Francisco.

Chayo se mete a la boca dos gajos de naranja, como para empezar a saborear el triunfo del Ratón Macías sobre el tailandés, del que está segura.

Al mismo tiempo, en el interior de la casa de Kepler 83, se estaba llevando a cabo otro tipo de pelea. En la tina, seguía Miroslava enfrentándose con el recuerdo de "Dominguín".

"Ya no nos volveremos a ver, Luis Miguel. Cuando tengas ganas de recordarme, conste que dije 'ganas', mira las fotos que nos tomamos. Yo nada más conservé una, donde estamos con tu abuelita y con tu perro en la finca Villa Paz ¿Sabes que tu abuelita me recordó a la mía? Jamás te conté de lo que platicamos cuando fuiste a marcar los becerros. Juntas nos fuimos a caminar por la huerta. Me habló de tu papá, de tus hermanos. Luego me dijo que tenía que rezarle mucho a la Virgen del Rocío para que nunca te fuera a pasar nada. Luego me preguntó si conocía a Cantinflas y le dije que era mi amigo. '¿Y de veras los mexicanos hablan como él?', dijo. Luego me preguntó si era cierto que yo era una artista de cine muy famosa en México. Después quería saber de mi familia. Cuando le dije que era checoslovaca, frunció el ceño. '¿Y por qué se fueron de Checoslovaquia?', me preguntó sorprendida. 'Por la guerra', le respondí. Antes de que volviera a hablar, pasaron muchos momentos. Entonces, para reiniciar la conversación, le pregunté por sus otros nietos. Hablamos de los que faltaban por casarse. 'Y usted, ¿qué piensa del matrimonio?', me preguntó. Le dije que para mí era algo muy difícil, porque hacía muchos años había estado casada y no había funcionado. Al decir esto me di cuenta de que estaba metiendo la pata. ¿Cómo se me pudo olvidar en esos momentos, que los españoles eran sumamente cerrados y estrictos y muy mochos? ¿Cómo se me pudo olvidar que para la familia González 'un divorcio', era un verdadero escándalo social? ¡Ay, qué horror!, ¿cómo puede existir en el mundo tanta vergüenza junta? Se ha de haber preguntado tu honorable familia de caballeros españoles..... Me puedo imaginar sus comentarios en sus sobremesas tan aburridas: '¿Te das cuenta? Nuestro Luis Miguel, uno de los mejores diestros de España, ¿casado con una judía divorciada? ¡Qué escándalo Dios mío! ¿Qué dirían nuestras amistades: los Villalonga, los Pardo, los Sartorius, los Larrañaga?' ¡Me apena mucho decirte, Luis Miguel, que para mí todos los españoles son unos hipócritas!"

En el otro cuarto seguía la disputa del Ratón Macías y Songkitrat. Estrujando las cáscaras de naranja, Rosario escuchaba la pelea: "Alentado por sus compatriotas, Macías ataca con varios jabs de izquierda a la cara y conecta un poderoso golpe a los bajos. Songkitrat se ve obligado a retroceder constantemente. En el clinch, el tailandés se enoja y coloca una serie muy rápida de golpes, pero Macías contesta con energía..."

La misma con la que Miroslava, allá arriba, sumida en la tina hacía reproches a Dominguín: "Hay una cosa admirable en ti, además de ser un excelente torero. Es la manera como siempre has sabido servirte de la publicidad. Tu vanidad es tan grande, que estás dispuesto a todo con tal de que se hable de ti. Debo confesarte que me impresionó mucho la primera vez que fuimos a tu piso y me enseñaste aquel álbum con todos los recortes de la prensa en donde se hablaba de ti. Allí estabas retratado con Hemingway, en la casa de campo de Picasso, en una fiesta organizada por ti para entregar dizque un título noble en Biarritz; junto con Ava Gardner, con la que se decía que te ibas a casar, nada más se divorciara de Frank Sinatra; en Hollywood, cenando con Rita Hayworth; bailando con Carmen Sevilla; brindándole un toro a María Félix. ¿Ahora pondrás las mías? Te felicito, porque con el tiempo, será el álbum del torero con más éxito con las mujeres. Y ahora casado con la ex miss Italia, Lucía Bosé. ¡Cuánta publicidad vas a tener! No se te olvide ponerla en tu álbum. ¡Pobre Lucía, lo que se le espera!"

Mientras tanto, Chayo estaba nerviosísima porque el Ratón "con una serie de estupendos golpes envía a Songkitrat a la lona. Songkitrat se levanta a la cuenta de nueve. Macías reanuda su ofensiva y el tailandés vuelve a caer en la lona. Se levanta a la cuenta de ocho en un auténtico alarde de valentía, ¡pero el réferi está deteniendo la pelea y da la victoria a Raúl Macías por *knock out* técnico a los 2 minutos y 38 segundos del undécimo *round*! ¡Se acabó! Sí, señoras y señores, el Ratón acaba de retener el campeonato del mundo de los pesos gallo. ¡Se acabó para Songkitrat!", exclamaba, gritaba, Alvarez Briones. En esos momentos Chayo lanzó al aire las cáscaras de naranja que tenía entre las manos y aplaudió.

También la pelea entre Miroslava y Dominguín terminaba: "Adiós Luis Miguel. Te agradezco los días que pasamos juntos. Ya me voy. Para mí ya todo se acabó", dijo. Lentamente salió de la tina. Con una toalla se secó el cuerpo. Se envolvió en la bata y se miró frente al espejo del lavabo. Su mirada era la de una niña infinitamente triste.

Chayo apagó el radio, pues temía que el estruendo y la música que tocaban los mariachis en el Cow Palace para festejar el triunfo del Ratón Macías, llegara a escucharse en el cuarto de su patrona. No quería que supiera que había regresado por temor a que se fuera a molestar. "Ojalá y que la señora haiga escuchado en su radio la pelea. Yo ya sabía que iba a ganar el Ratón, se lo dije al carnicero. ¡Qué bueno! Gracias a ti, Virgencita de Guadalupe, el Ratón, con esta pelea ha puesto el nombre de México bien alto en todo el mundo", pensaba Rosario mientras se quitaba el suéter y el vestido estampado de flores blancas y negras. En seguida se sentó en la cama, para quitarse las gruesas medias de popotillo. Junto con las ligas, las puso sobre la mesita, a un lado de las semillas de la naranja. Se quitó las horquillas del chongo y deshizo su raquítica trenza. Con el pelo suelto sobre los hombros, se paró y fue a apagar la luz. Con el fondo puesto, se acostó. Hizo la señal de la cruz, besó una estampita que tenía sobre el buró, balbuceó una oración y cerró los ojos.

Sentada sobre la cama, junto a la lámpara del buró, Miroslava empezó a redactar las tres cartas. Con un libro sobre la vida de El Greco en las rodillas, la artista inclinada sobre el papel escribió en checo, la que iría dirigida a Ivo, su hermano. Al día siguiente, los periódicos recogerían la traducción hecha por los peritos de la Procuraduría: "Mi Ivo: Perdóname que te cause dolor. Perdóname por todo, pero ya no puedo seguir viviendo. Créeme que te quiero terriblemente, pero sería yo nada más un estorbo y una vergüenza para ustedes. Yo veo cómo sería esto en el futuro, hasta dónde llegaría yo y lo que podría hacer. Tú harás feliz a Elena. Cuando te acuerdes de mí, acuérdate sin remordimiento y sin dolor. Yo me sentiré mejor. No puedo seguir. Escríbele y envía la campanita de plata a Luis Miguel Dominguín (calle Nervión número 25, Madrid), y que sea feliz. Te lo pido. A papá le causará dolor; pero es mejor así para él, porque de otra forma sólo lo mortifico y le causo vergüenza. El licenciado Eduardo Lucio arreglará todo. Mis deudas serán pagadas de lo que me deben. No les dejo preocupaciones. Todo se olvidará, incluyéndome a mí. Yo voy con mamá. Digan que fue un accidente y así no va a haber escándalo. Si te viera, no lo podría hacer..."

Miroslava no pudo continuar, las lágrimas se lo impedían. Se cubrió la cara con las manos y lloró por todo lo que no había llorado en años. Lloraba por su soledad, por la de su padre y la de su hermano; lloraba por la culpa que sentía hacia ellos; lloraba porque todavía no se explicaba por qué había tomado la resolución desde hacía tanto tiempo; lloraba porque no tenía fe en nada, ni en nadie, ni en sí misma; lloraba porque siempre había tenido miedo a la vida; lloraba porque apenas tenía 29 años y ya se sentía acabada; lloraba porque su luna de miel había sido tristísima y a nadie se lo había contado; lloraba por todos los amigos que creyeron en ella, en su aparente fuerza; lloraba porque jamás se había entregado plenamente en el amor; lloraba por aquella amiga de infancia que vivía en Estambul y con la cual nunca compartió sus penas; lloraba porque se había reído mucho con Dominguín en su finca; lloraba porque no había llorado lo suficiente la muerte de su madre; lloraba por todas las películas que ya no iba a poder filmar; lloraba porque nunca entendió por qué siempre estaba tan triste; lloraba por compasión a la Miroslava del cine mexicano. Lloraba porque nadie estaba a su lado en esos momentos para consolarla, por la sencilla razón de que nadie mejor que ella sabía de todo el vacío que sufría desde hacía tanto tiempo.

Con muchos esfuerzos, poco a poco se fue calmando. Había que terminar esa carta y otras dos más. Si seguía llorando, terminaría por renunciar a su objetivo y eso era imposible. La decisión ya estaba tomada. "¿Y si esto fuera nada más una pesadilla como tantas que he tenido; y mañana me despierto viva en mi cama? ¿Y si me arreglo como si nada, y me voy a comer al 'Quid' con Ernesto Alonso? ¿Y si por la tarde me voy a los Estudios Clasa para hablar de mi próxima película: *Vainilla, bronce y morir*? ¿Y si toda esta tristeza que siento, nada más la estuviera soñando y en realidad no existe en mí más que cuando la sueño?"

Todo esto pensaba, como para hacer tiempo para seguir con aquella carta de su hermano Ivo. Conforme las fantasías se esfumaban, Miroslava fue adquiriendo más fuerzas para continuar. Nuevamente, tomó su pluma Parker y repitió la última frase: "Digan que fue un accidente y así no va a haber escándalo. Si te viera, no lo podría hacer. Por lo tanto a la distancia, mi incambiable amor por ti y mucha felicidad en la vida, contra la cual yo no puedo. Tuya siempre y para siempre. Miri". Firmó con energía, haciendo un rasgo al final, como cuando autografiaba sus fotos. Después dobló la hoja de papel en tres y la metió en uno de los sobres aéreos. Sobre él escribió en letras grandes: "Ivo".

La segunda iba dirigida a su padre. Esta era, sin duda, la que representaba más esfuerzo. Varias veces empezó la carta, y varias veces arrugó el papel. Volvía a comenzar y cuando sentía que era la definitiva, al releerla le saltaba una frase o una palabra que le parecía inexacta, impropia o muy débil; otra, al contrario, la encontraba agresiva o confusa. Decidió pues hacerla en muy pocas palabras. "No puedo decirte todo lo que siempre he sentido por él en estos momentos. No sabría explicarme", pensó. Muy lentamente escribió, también en checo: "Papá. Perdóname, y olvida. No puedo seguir, no tengo valor. Gracias por todo y perdóname que no tenga suficiente voluntad para vivir. Te quiere Bambulka". Esta también la rubricó con fuerza. Bambulka: bolita de lana, borlita le decía su padre de cariño, cuando Miroslava era niña. Como la anterior, la dobló en tres, la metió en su sobre. Con letra muy clara escribió en el centro del sobre: "Papá".

La tercera carta fue ciertamente la más fácil de todas. En ella Miroslava giraba instrucciones precisas a su apoderado el Lic. Eduardo Lucio: pagar sus deudas, entre ellas, un préstamo que le hizo Dominguín durante su estancia en Madrid, ver lo del contrato del departamento del Paseo de la Reforma, hacer algunos cobros con ciertos estudios. Al finalizar, le pidió que si después de todo lo anterior todavía sobraba algún dinero, se lo hiciera llegar a su hermano Ivo.

Una vez que estuvieron escritas estas cartas, Miroslava se sintió más tranquila. Después de haberlas colocado muy a la vista sobre su tocador, buscó su bolsa de mano. Estaba sobre uno de los taburetes. La tomó y volvió a sentarse sobre la cama. La vació completamente sobre la colcha. Como si se tratara de una piñata recién quebrada, de pronto se encontró frente a muchas cosas, todas regadas sobre la cama. Había desde unas pastillas del Dr. Andreu, hasta una fotografía de Dominguín al lado de su abuela en su finca de Toledo. También en desorden aparecían notas de tintorería, tarjetitas de básculas, timbres para Europa, una contraseña para recoger fotografías tomadas en San Juan de Letrán; un recibo de la zapatería Joyce; un pañuelo bordado con una "M" y manchas de bilé; dos lápices labiales de Helena Rubinstein "Stay Long Lipstick", en rojo muy vivo; una cajita de máscara Max Factor; un polvo compacto Angel Face de Pond's; una cajita con dos pastillas de Chiclet's Adams'; una cartera de piel color vino, en ella llevaba dos mil pesos, en billetes de cien y de quinientos; una chequera del Banco de Londres; un pequeño peine de carey; una nota de La Puerta del Sol; una cajetilla abierta de cigarros Lucy Strike; una cajita de cerillos La Central y un billete de la

Lotería terminado en 9 para el premio de 19 millones que se jugaba el 5 de mayo.

Juntó las notas de la tintorería y las apartó. Separó la fotografía de Dominguín y la puso sobre su buró. El resto, lo guardó de nuevo en la bolsa.

En seguida, se dirigió al clóset. Abrió uno de los cajones de un pequeño mueble y sacó un camisón blanco que acababa de comprar en El Palacio de Hierro. Era de jersey, de corte clásico y muy femenino. Se quitó la bata y se puso el camisón largo. Después se fue hacia su tocador, abrió un cajón y sacó muchos cosméticos.

Frente al espejo, se maquilló con todo cuidado, como si fuera a salir a escena en una filmación importantísima. Primero se puso el *make-up*. Con la ayuda de una esponja profesional, lo diluyó a lo largo de toda su cara. Siguió con el polvo facial de Max Factor. Su cutis se veía precioso: liso y muy blanco. Después, un poquito de *rouge* sobre las mejillas, pues era impresionante su palidez. Con un lápiz café delineó sus cejas. Abrió otro cajón y buscó las pestañas postizas que se había comprado en Hollywood. Con mucha habilidad se las colocó rápidamente. Como por arte de magia, el tamaño de sus ojos creció. Además de verse enormes, parecían mucho más expresivos. Lo oscuro de las pestañas hizo aún más intenso el azul de los ojos de la artista. Con un pincelito muy fino, trazó una rayita sobre el borde del párpado, para dar mejor terminado al maquillaje. Luego se puso el rímel. Humedeciendo con su propia saliva el cepillito, Miroslava frotaba con fuerza contra la pastilla, para luego colocar el rímel con mucho cuidado sobre sus propias pestañas y así poder mezclarlas con las demás. Lo único que le faltaba era delinear la boca, que para entonces, estaba palidísima. Con un lápiz rojo, se marcó el contorno de los labios. Después con un pincel esparció el "Stay Long". Muchas horas después de que Miroslava se había ido, su *lipstick* seguía intacto. Por último, pasó el cepillo sobre su pelo oscuro y se pronunció más los chinos sobre la frente. Miroslava se veía hermosísima. A pesar de su expresión un poco melancólica, su belleza era deslumbrante. Si Luis Buñuel la hubiera visto en esos momentos, le hubiera propuesto el primer papel de una película que se llamara *Miroslava*. Se veía tan esplendorosa, que hasta opacaba su imagen en el espejo.

Con una sonrisa melancólica, fue otra vez al clóset. Abrió la puerta y buscó entre sus suéteres, hasta el fondo, el frasco de Ma Griffe, el que Dominguín le había regalado y se había ya negado a usar. Con todo cuidado abrió la botella y se puso un poquito de perfume detrás de las orejas y sobre las muñecas. Esta vez, su aroma no le recordó cosas tristes. Al percibirlo quiso sentir en sus labios todos los besos que le había dado Luis Miguel. Después colocó el frasco entre los demás, pues ya nunca más lo tomaría y por lo tanto era inútil volverlo a esconder.

Ya estaba lista. Se puso de nuevo la bata y bajó a la cocina para buscar tres vasos de agua. La escalera estaba a oscuras. Subió un poco angustiada, tenía la sensación de que alguien la estaba observando desde algún rincón de la casa. Volvió a su cuarto. Respiró profundamente. Salió al baño con dos vasos, les puso agua hasta la mitad. Con mucho cuidado los volvió a llevar a su recámara. Los colocó sobre el tocador. Cerró la puerta con llave por dentro y después vertió un chorrito de agua de cada vaso en el que estaba vacío.

En seguida, buscó en el clóset arriba, en la repisa de las bolsas, una de charol. La tomó, la abrió, de un compartimiento sacó un pañuelo blanco hecho bolita. Guardó la bolsa en su lugar y cerró el clóset. Sentada sobre la cama, lentamente abrió el pañuelo. Allí estaban tres píldoras rojas. Las colocó sobre el buró, muy cerca de la foto de Dominguín. Fue a buscar los tres vasos y los puso también sobre el buró.

Se quitó la bata y se sentó sobre la cama, junto a la lámpara, largo rato, se observó las manos, las venas, los dedos, las uñas. Después las entrelazó y cerró los ojos. Así permaneció largo rato. Luego tomó la fotografía de Luis Miguel y la miró detenidamente. Al cabo de un tiempo se metió entre las sábanas, acomodó los cojines en forma de respaldo y se recostó, viendo hacia el techo. Volvió a acercarse la fotografía y la miró. De nuevo la puso sobre el buró. "Me siento muy cansada. Creo que ya me voy a dormir", pensó al tomar entre sus dedos la primera píldora. Se llevó a los labios uno de los vasos. Siguió con la segunda y la tercera pastilla, apurada cada una con un vaso distinto. Apagó la luz y esperó. Una de las últimas imágenes que tuvo, fue la de su padre mirándola con ternura.

Lentamente Miroslava se fue hundiendo en un profundo sueño. Dormía sin sobresaltos, serena. En su cuarto se respiraba un aroma de flores diferente al que se percibía de costumbre. Eran las mismas que Luis Miguel Domínguín había metido en el frasco de Ma Griffe para que perfumaran los días de Miroslava donde quiera que se encontrara.

En la azotea de la casa de enfrente, ondeaban unas sábanas como símbolo de paz.

Amarraditos los dos

"Vamos amarraditos los dos, espumas y terciopelo
yo con un recoger de almidón y tú serio y altanero
la gente nos mira con envidia por la calle,
murmuran los vecinos, los amigos y el alcalde...".

Diez, doce, veinte veces más escucharía esta canción. Oírla es volver a vivir lo que pasó tan rápido. Es regresar a aquella noche. Es interpretar mensajes y atar cabitos. Es como poder parar el tiempo en el preciso momento que yo deseo. Es meterse en la voz de Dolores Pradera y cantar con ella. Es comenzar el día de esa noche desde el principio y estarme viendo como si estuviera dentro de una película. Allí en la pantalla, me veo caminando de espaldas, por entre los puestos del mercado sobre ruedas. Reconozco mi andar desgarbado. Lentamente me dirijo hacia mi marchante de verduras: "¿Cómo está reinita? Ahora, ¿qué se va a llevar? ¿Que está caro? ¿Qué paso?, si usted es mi clienta. Por Dios, que de todos los marchantes, yo soy el único que respeta el Pacto. No, esta vez no traje lechugas francesas, es que están re feas por el agua. Ya ve cómo ha llovido. ¿Por qué no se lleva de la romana, güerita? ¿Le parece cara? Nomás vaya, reinita adelante, para que vea a cómo se la dejan".

"Dicen que no se estila ya más
ni mi peineta ni mi pasador,
dicen que no se estila, no, no,
ni mi medallón, ni tu cinturón...".

La verdad que volver a ver a los Solórzano y a los Noriega, me dejaba indiferente. Ana María Solórzano había sido mi compañera en el colegio. A pesar de haber estado en la misma clase durante la primaria, nunca habíamos sido amigas. Ella siempre era de las primeras de la clase, y yo de las últimas, por las que ella no escondía un enorme desprecio. Cuando volví a encontrármela, saliendo del super, lo primero que me dijo fue: "¿Y acabaste el colegio, Cecilia? ¡Híjole, es que eras super relajienta! Creo que hasta había mamás que le prohibían a sus hijas juntarse contigo, ¿verdad? ¿Te acuerdas que eras de lo más floja y que un día te cacharon copiando un examen de geografía y le dijiste a la maestra que sufrías de amnesia, porque dizque te habías caído de la cuna? Eras vaciada. ¿En qué año te expulsaron, ¿eh? Después te perdí por completo la pista. Yo sí terminé todo el bachillerato". Y ahora, tenía que invitarla con su marido, pues nuestras hijas eran amigas en el Vallarta. Se lo había prometido desde hacía mucho tiempo a Viviana, mi hija.

Muy temprano por la mañana, antes de irme al mercado, consulté mis libros de cocina, para buscar la receta del gazpacho y del pescado a la mostaza. Quería hacer un menú diferente. "De seguro Ana María siempre recibe con las típicas pechugas de pollo en salsa blanca", pensé con cierto gusto. Desde niña me parecía sin ninguna personalidad. Como postre, me decidí por la *mousse de chocolat*. Estaba dispuesta a lucirme; a recibirlos lo mejor que podía. Por eso fui hasta Polanco para comprar las flores. Allí encontraba las más exóticas y diferentes. "Y esos alcatraces, ¿a cómo, marchante? ¿Y sus *baby rose*? Y esas amarillas, ¿cuánto cuestan? ¡Ay marchante, ¿por qué tan caras?! En Las Lomas, las dan más baratas. ¿A cómo me deja la nube? ¿Y las inmortales? Bueno, déme por favor, tres docenas de éstas y de ésas. Y un manojote enorme de nube. Ah también, déme dos docenas de azucenas y un buen manojo de hoja limonero".

En el regreso a casa pensé en qué vestido me pondría. Como acababa de llegar de París, estaba segura de mi guardarropa. "Habrá sido muy aplicada, pero seguro es cursísima", me decía mientras dudaba en ponerme un vestido negro de chez Scherer o la blusa de seda color fushia con la falda negra de piel. "Quizá me vea más moderna con la falda negra", concluí. Después me fui corriendo al salón. "¿Qué se va a hacer señora? ¿Se va a cortar el pelo con Thomas? ¿Va a querer que Rosita le haga las uñas? ¿Quiere que le hable a Antelmo para lo de su tinte?" Me animé por hacerme de todo, incluso hasta por depilarme las piernas y el bigote con cera. Mientras esperaba que me cortara el pelo Thomas, llamé a la casa: "Mira Juanita, cuando llegue Gabino, que saque las cosas y los platos de la vajilla azul y blanca. ¿Ya planchaste el mantel y las servilletas? ¿Ya llevaron el pescado?

Bueno, yo llego al ratito. En cuanto lleguen los niños que coman en el desayunador, para que no ensucien el comedor. Yo voy a comer aquí en el salón porque hay mucha gente. Oye, Juanita, dile por favor a Carmen que me limpie todas las charolas de plata y los marcos que están en la mesa de la entrada. Quiero que la casa se vea limpisísima".

Salí del salón tardísimo con un fuerte dolor de cabeza debido a la música de rock que Thomas insiste en poner a todo volumen para su clientela joven. De regreso, pasé a La Baguette, para comprar el pan y las pastas para la *mousse*. "Déme doce campesinitos, por favor, y un kilo de galletas de vainilla". Afortunadamente, ya había llegado Gabino y estaba limpiando copa por copa. Después de darle algunas instrucciones fui a saludar a los niños, que estaban viendo la televisión; enseguida, en la cocina, preparé la *mousse*. "Sácame por favor la batidora, ocho huevos, el azúcar y las tabletas de chocolate". Concentrándome perfectamente en las medidas, tomaba forma el postre predilecto de mi marido, que me había enseñado mi suegra. Dos tabletas de chocolate semi amargo Turín, ocho huevos, 300 grs. de azúcar y dos cuartos y medio de crema Lincott. Curiosamente, por más que batía la clara, me di cuenta que no subía. "Estaré esperando *baby*, dicen que cuando una no hace subir las claras a punto de turrón, es que está embarazada", pensé

43

en tanto que insistía con la batidora, moviéndola cuidadosamente de un lado a otro. Finalmente subieron, y esto me tranquilizó por aquello del *baby*. Antes de meter la *mousse* al refri, le puse tantito jugo de naranja para darle un ligero sabor de fruta. Lo probé, estaba riquísimo. Después arreglé mis ramos de flores, algo que siempre he disfrutado mucho hacer. No sé por qué en esos momentos, comencé a sentirme nostálgica. Me puse a pensar en el colegio, en las monjas, en la razón por la cual me habían expulsado. Recordé cuando mi papá me había llevado muy temprano para presentar un examen extraordinario. Cerca de tres horas estuvo esperándome leyendo su *Time* afuera del colegio. Cuando llegué al coche, me preguntó qué tal me había ido. "¡Pésimo, papá, le dije, hoy era el examen de historia y yo pensé que era el de matemáticas. Me equivoqué de fecha y todo lo que estudié fue para el de matemáticas. Creo que voy a reprobar". No dijo nada, me miró con una mirada triste. El azul de sus ojos, parecía escurrírsele por su larga cara. Durante el camino, veníamos escuchando Radio Universidad sumidos en un profundo silencio. Comencé a extrañarlo muchísimo. Lo recordaba, sentado en su eterno sillón leyendo. No sé por qué siempre tenía las manos muy frías. Me acordé del color de sus ojos, era de un azul como si hubiera sido lavado un millón de veces. Pero sobre todo, recordaba su perpetuo silencio. "Seguro que se fue derechito al cielo", pensé, con un nudo en la garganta, mientras acomodaba la nube en un jarrón de vidrio soplado.

"Señora, ponemos copa de vino rojo o blanco? ¿Se van a poner cubiertos de pescado? ¿Dónde puedo ir acomodando el bar, señora? ¡Qué bonitos le quedaron los arreglos, hasta parece que los mandó a hacer!". "Gracias, Gabino, póngales agua a los jarrones por favor".

"Nos espera nuestro cochero frente a la iglesia mayor.
A trotecito lento recorremos el paseo,
tú saludas tocando el ala de tu sombrero mejor
y yo agito con donaire mi pañuelo...".

44

Cuando eran cerca de las siete y media, subí a ver a los niños. Estaban frente a la televisión viendo una telenovela. "Si quieren que les lea un cuento, tiene que ser ahorita, pues después me tengo que arreglar". Parecía no entusiasmarles mucho la idea del cuento; sin embargo Sebastián, el mayor, apagó la tele y fue rápidamente a buscar el libro. Los tres nos instalamos, sentados muy juntitos. "Tengo problemas con una flor- le explicó El Principito -¡Oh! -opinó la serpiente. Y se callaron. ¿Dónde están los hombres?- volvió a preguntar El Principito. Se siente uno un poco solo en el desierto. También se siente uno solo con los hombres- le dijo la serpiente".

"Y ahora, a ponerse la pijama". "Mami, ¿van a salir esta noche? "No, mi hijito, esta noche, tenemos invitados en casa". "¡Qué idiota eres! ¿No ves que vienen a cenar los papás de Casilda?". "Por favor no insultes. No tiene por qué saberlo". "Ay, mamá, si ya lo super sabía, lo que pasa es que se hace el consentido, para que lo consientan más. Es un *nerd*". "Mami, ¿podemos ver un ratito más la tele?". "No m'hijito, bájense a merendar antes de que lleguen los invitados". "Mami, ¿podemos comer un poquito de *mousse de chocolat?*" "*Okey*, pero nada más tantita".

Aún siento la mascarilla *Orlane* sobre mi cara. Quería que viera que la mamá de Viviana era aún muy joven. Como era mayor que Ana María, quería demostrarle que no había pasado el tiempo sobre mí. Mientras me encontraba en mi tina de baño, me acordé que sólo faltaban unos días para irnos de vacaciones a San Francisco. A los niños los dejaría en casa de mi hermana. ¡Hasta que por fin conoceríamos California! Este viaje me daba gusto, pero a la vez, me daba cierta flojera. "Bueno, me voy a llevar las *Noticias del Imperio*, para ver si lo termino. Además el *shopping* y la visita a los museos, me van a hacer pasar los días volando". Al salir del baño, me di cuenta, que ya eran cerca de las nueve. En un dos por tres, me quité la mascarilla y empecé a maquillarme. En esos momentos escuché el claxon del coche de Jorge. Dos minutos después, oí sus fuertes pisadas en las escaleras. Siempre las sube de dos en dos, ignoro la razón. Cuando entró en la recamara, le vi cara de cansado. Me dio un beso en el cachete. "Nada más me doy un regaderazo y ¡listo!

Oye, el marido de tu amiga es el que trabaja en la Casa de Bolsa, ¿verdad? "Sí, pero ella para nada es mi amiga. Fue mi compañera en el colegio. ¡Es de lo más sangrona!" "¿Compraste el vino? ¿Ya lo pusieron en el refrigerador? Oye, ¿sabes a quién me encontré? Al animal de Gómez Serna. ¡Quién sabe qué se está creyendo últimamente? Estaba comiendo en el "Champs", con uno de los asesores de Salinas. Casi no me saludó. ¿Y los niños? Pásame por favor una toalla. Oye, no sé por qué, siempre le pides a Gabino, que venga a servir. No me gusta ese tipo. Además es carísimo, porque es el mesero de moda. ¡Híjole!, te pintaste demasiado. ¿A quién quieres impresionar? Qué bueno que invitaste a los Noriega; él es bastante trinchón en asuntos económicos. A ver si me explica cómo estuvo la reducción del 35% de la Deuda, yo todavía no entiendo nada. Oye, ¿no sabes dónde están mis mancuernillas de Ortega? Bueno, ya estoy listo, voy bajando para checar las bebidas".

"No se estila, ya sé que no se estila
que te pongas para cenar jazmines en el ojal,
desde luego parece un juego
pero no hay nada mejor,
que ser un señor de aquellos
que vieron mis abuelos...".

Estoy viéndoles llegar. Primero fueron los Noriega: "Dichosos los ojos. Hacía años que no nos veíamos. ¿Qué se han hecho todo este tiempo? Desde el crack de la bolsa, no nos habíamos visto. Yo hasta creía que a ti también te habían metido al bote, hermano". Después llegaron los Solórzano. Trajeron unas rosas rojas, de esas que venden en los altos sobre Reforma. Me pareció de pésimo gusto, pero como sea se me hizo un detalle. Ana María venía con un vestido tejido, sin el menor chiste. Su marido me saludó con demasiada euforia. "Con razón Viviana es tan bonita", me dijo con cara de galán, viéndome a los ojos. Ya en la sala, mientras Gabino traía los aperitivos, hablamos un poco de todo. "Oye, qué linda está tu casa. Ese jarrón de Talavera, lo compraste en

46

Dupuis, ¿verdad?" "Qué les pareció lo de Legorreta?" "Yo todavía no lo creo". "Parece que su celda está hecha una super oficina, con *fax*, fotocopiadora, antena parabólica, etc. etc.". "Es que nadie se lo imaginó". "Mis respetos para Salinas. ¡Qué pantalones de señor!" "Dicen que el que insistió en que lo metieran al bote al Bayo, fue Aspe. ¿Se dan cuenta que de chiquitos iban a las mismas piñatas?" "Ahora sí, hermano, hay que ponernos muy al día con el pago de los impuestos". "¿Qué les pareció lo de la Deuda?" "Yo todavía no he entendido nada". "Yo creo, que ni ellos entienden, ¡ja-ja!". "Para mí que el próximo presidente es Aspe. Yo lo conozco muy bien. El es muy amigo de un primo hermano mío. Es un cuate brillantísimo". "Ay, ese Cárdenas es un demagogo, oportunista que no sabe ni lo que quiere". "Lo de Baja California, fue otro golazo para Salinas". "Dicen que se puso de acuerdo con los Estados Unidos. Vaya, que fue un arreglo". "Es que el dólar debería de estar a 3500 pesos". "Si siguen bajando así las tasas, me vuelvo a llevar mi dinerito a los Estados Unidos". "Mira, si no les sale lo del Pacto, y si se les acaban las reservas, Cárdenas entra en lugar de Salinas". "Oye, Vivianita no salió a ti. Dice mi hija que es de lo más aplicada". "Sabes, que yo ya no aguanto a la Ciudad de México. Si no salgo todos los *week ends*, me siento enferma, como si me faltara aire". "¿Siempre compraron la casa de Tepoztlán?" "El otro día en el Periférico se comenzaron a dar de trompadas. ¡Te lo juro! Eran las diez de la mañana y estos cuates se bajaron del coche a darse de cates, obstruyendo todo el tráfico". "Creo que este gobierno está peor que los anteriores, porque se sienten infalibles, jóvenes, modernos y encima de todo, super dotados".

"Señora, la cena está servida".

Todo me había quedado riquísimo. La mesa se veía preciosa con las flores. Me fijé que Ana María revisaba hasta el mínimo detalle. Dos veces la caché haciéndole ojos a su marido, como para señalarle algo. De lo más hipócrita me dijo: "Mañana te llamo para que me des la receta de tu *mousse*. No habrás sido buena estudiante, pero saliste muy buena cocinera". Casi enfrente de Gabino, me preguntó: "De dónde te conchavaste el mesero? Parece de película de Visconti".

"Vamos amarraditos los dos, espumas y terciopelo,
yo con un recoger de almidón y tu serio y altanero
la gente nos mira con envidia por la calle,
murmuran los vecinos, los amigos y el alcalde..."

A la hora del café, Ricardo y Tere Noriega nos platicaron de su próximo viaje a los países socialistas. "Mira, mano, es una experiencia para apreciar lo que tenemos. Además, fíjate, que no sale nada caro. Hoy en día, ya no alcanza para ir a París. Digo, en el plan en el que teníamos costumbre de ir. Por lo menos, visitando esos países no te frustras con nada, porque no hay nada que comprar. Yo quiero ver con mis propios ojos cómo vive esa gente. Dicen que Budapest se ha modernizado mucho. Seguramente se debe a la Perestroika. ¿Ustedes creen que Tere creía que la Perestroika era el apellido de una señora? No lo niegues Tere. Ja-Ja.

Jorge había puesto discos, pero dejó de cambiarlos; entonces el de Dolores Pradera se repetía una y otra vez. A nadie parecía importarle. Gabino seguía pasando la charola con las botellas de los digestivos. "Después de una cena espléndida, no hay nada como un buen licor de Pera". "A mí me gusta más el Chinchón". "A mí como todo se me sube, mejor sigo con mi *Diet Coke*". "Yo con esto de la importación, como ya puedes comprar hasta agua Evian, se me han quitado las ganas de ir a Estados Unidos. Con decirte que todo lo que desayuno es americano. Mira, el *All Bran*, las mermeladas dietéticas, la mantequilla holandesa, el té inglés, el queso gruyere suizo, hasta la sacarina que compro es de importación. Lo único mexicano que consumo son los huevos". "Bueno pues ésos sí no los podemos importar, porque los huevos mexicanos son los mejores del mundo". "Ja-ja-ja". "Ja-ja-ja". "¿Qué tratas de decir con eso?" "A mí me gustan más los de California". "Ja-ja-ja".

"Dicen que no se estila ya más
ni mi peineta ni mi pasador.
Dicen que no se estila no, no
ni mi medallón, ni tu cinturón..."

48

Me paré por un momento para ir al baño. Al cerrar la puerta sentí como si alguien la jalara intentando entrar. "Ay qué pena, pero está ocupado", dije enseguida. Pero bruscamente se abrió y vi al marido de Ana María. "Perdóname. ¿No te importa?". Al momento de decirlo, entró al baño, con la cara pálida, sudando y con la mirada fija en mis ojos. "Oye, ¿qué te pasa? ¡Salte por favor!", le dije sumamente nerviosa. En ese preciso instante, vi que puso el seguro por dentro y con la respiración entrecortada, se me acercó y comenzó a besarme en la boca. Por más que trataba de apartarlo, él insistía. "¡Estás loco!" "¡Estas borracho!" Mira, sal o llamo a Jorge". Pero ya ni hablar podía, porque el susto me ahogaba la voz. Empezó entonces una lucha entre ambos. Me empujó contra la pared, entre el lavabo y el excusado. Todo mi cuerpo temblaba. Su aliento a Chinchón me asqueaba. Sentía que me faltaba aire. Mis piernas se debilitaban. Su barba incipiente me picaba la cara. La hebilla de su cinturón Ortega, me hacía daño. La fuerza de sus rodillas contra las mías me lastimaba. De pronto sentí cómo de un jalón me subía mi falda de piel y bajándome mis pantimedias, me dijo: "Dice Ana María que eras una burra en el colegio, pero estás muy buena. Si gritas, nos chingamos los dos. Mira cómo me has puesto. ¡Siénteme, siénteme! Eres mucha vieja pa'el pendejo de tu marido. Tú tienes la culpa, por traer esa mini falda. Mira cómo me calientas".

A lo lejos, como si estuviera soñando, oía la voz de Dolores Pradera y a Jorge platicando nuestro próximo viaje a San Francisco.

Por primera vez en mi vida supe lo que era un orgasmo.

"Yo sé que se estilan tus ojazos y mi orgullo
cuando voy de tu brazo por el sol y sin apuro.
Nos espera nuestro cochero frente a la iglesia mayor.
A trotecito lento recorremos el paseo.
Tú saludas tocando el ala de tu sombrero mejor.
Y yo agito con donaire mi pañuelo..."

Mina

Hoy dijo el padre Acquie que tenemos que escribir nuestros pecados en un papelito, para hacer un examen de conciencia. Mis pecados más feos son: la envidia; soy muy peleonera, criticona, berrinchuda y respondona.

Al que más le contesto feo, es a mi papá. Me da coraje verlo tan gordo y que molesta mucho a mi mamá. Mi papá me da miedo porque a Leticia mi hermana la agarra a golpes y a chicotazos. Cuando quiere pegarme, mi mamá le dice inmediatamente: "Acuérdate que Mina está muy mala de sus nervios". Cuando mi papá se enoja y yo me asusto, mi mamá me da 5 centavos y corro al estanquillo de junto que se llama El Ciclón, y compro dos pirulís de a centavo, dos bolas de panocha de a centavo y una alegría, de a centavo. Cuando mis hermanos me ven con mi cucurucho de papel periódico lleno de dulces, se me echan encima y yo me defiendo como puedo; por eso soy peleonera.

Lo que más critico son: las narices chatas, las bocotas y lo prieto. Mi mamá dice que los de Guadalajara son blancos y no tienen ni bocotas ni narices planchadas. ¡Ayúdame, Dios mío, a soportar a los prietos, a los bocones y a las narices chatas!

En el colegio me dan mucha envidia las ricas. Me enojo más si tienen coche. Pero me consuelo pensando en los apellidos de mi mamá, que son los mejores de Guadalajara. Y esas ricas se apellidan González, o Pérez. Muchas son hijas de gachupines que tienen panaderías o mueblerías. Me da mucha envidia los zapatos que éstas traen, porque a mí me los compran en la calle de Sta. María, mientras que a las ricas se los compran en "El Grumete"; son zapatos finos y cuestan 12 pesos. Los míos cuestan 4. Pero pienso, que yo no tengo las piernas prietas.

Soy berrinchuda, porque quiero hacer lo que yo quiero. Soy respondona, porque siempre temo que van a decirme groserías y yo las digo antes.

Les pido, Dios mío y Virgen de Guadalupe, que hagan que ya no los ofenda más. Porque quiero tener mi alma pura para cuando haga mi primera comunión, que la hago la semana que entra. Dice Madame St. Philipe que el Niño Dios va a hablar a nuestra alma y va a velar por nosotras.

Cuando reciba la hostia, no voy a hacer como una prima, Leonor, que le pidió un buen señor para casarse. Yo le voy a pedir que siempre tenga dinero para mis dulces, que mi papá ya no se enoje conmigo y me compren zapatos en "El Grumete". Y que si quiere, el Niño Dios se me aparezca un día. También le pediré al Niño Dios que mi papá se saque la lotería para que seamos muy felices.

Veinte años

Hoy terminó, bendito sea Dios, la huelga de teléfonos. Ayer el aparato estuvo todo el día como muerto, y José Calvillo no me pudo telefonear. Hace dos semanas, Beatriz me presentó a este muchacho por teléfono. El estaba en su casa, estudiando con su hermano. Beatriz de la Torre me había platicado de él. Entonces, cuando se enteró que estaba estudiando en el cuarto de su hermano, me llamó y me dijo: "Oye Mina, ¿sabes quién está en la casa?". Enseguida me imaginé que era ese muchacho, por el tono de voz de Beatriz. "Ya sé de quién me estás hablando", le dije. "¿Te lo presento?", me preguntó. "Como tú quieras", le respondí. A pesar de que había tapado con su mano la bocina, oí cuando llamó a su hermano: "Tomás, dile a Pepe que venga. Que le quiero presentar a una amiga por teléfono". Pasaron como dos minutos y después Beatriz me dijo: Allí viene. Te lo paso". "Bueno", me dijo. "Bueno", contesté. "Qué pena que Beatriz le haya pedido venir, justo cuando estaba estudiando. No fue mi intención molestarlo". "De ningún modo, señorita. Ya me habían platicado mucho de usted. Mucho gusto". "Mucho gusto de conocerlo por teléfono", le dije. Los dos nos reímos y nos pusimos a platicar. Primero, me contó que estaban estudiando para un examen de Medicina. Luego, me preguntó si me gustaba el cine y por último, quiso apuntar mi número de teléfono. Le dije: "es Ericsson 15-35-03". Dos veces le tuve que repetir el último número porque no me entendía. Nos despedimos con mucha cordialidad. Enseguida vino Beatriz a la bocina y preguntó: "¿Qué te pareció?". "No seas indiscreta", le contesté. Después tuve que colgar, porque mi mamá nos estaba llamando para merendar. Después de cenar, le volví a hablar a Beatriz para comentar. Me dijo que José Calvillo era un magnífico muchacho, estudioso y serio. Su familia es de Zamora y desde hace tres años se vino a estudiar a la capital. Vive en una casa de huéspedes en Santa María. Me gustó su voz: es de gente decente. ¡Qué bueno que le gusta el cine como a mí. Ojalá nos invitara a Licha mi hermana y a mí, a ver la película *Sussy*, con Jean Harlow y Cary Grant. La están dando en el cine Parisina. Si me invita, no se lo diré ni a mi papá ni a mis hermanos, nada más a mi mamá, que bendito sea Dios, es más comprensiva. Conociendo el carácter de mi papá, sé de antemano que no me permitirá salir con ese muchacho. Quizá si Manuel mi hermano lo trajera a la casa como compañero de la Facultad, tal vez lo vea con mejores ojos. Nunca he tenido novio: me da miedo. Es que no quisiera tener un noviazgo como el de mi hermana Leticia. Nada más de verlos a ella y a Antonio platicar horas y horas a través de los barrotes de la ventana, me da flojera. Leticia, no puede salir ni a la esquina sola con él, a pesar de que ya llevan cuatro años de noviazgo.

El otro día mi papá la cogió a golpes porque la descubrió en la ventana. Pobrecito de mi papá, está lleno de cualidades, pero es muy mal educado. Además desde el accidente de Alejandro, mi hermano, está imposible. Lo que sucede es que allí sí tenía razón, ¡Cuántas veces no le dijo a mi mamá que no lo dejara usar la bicicleta! "Es muy peligroso", decía una y otra vez. Bueno, en realidad nunca nadie se imaginó que Luis se iba a caer y se iba a lastimar sus partes nobles. Cuando el Dr. Canale lo revisó y le dijo a mis papás que había que extraerle una de esas partes, mi papá no lo admitió y el pobre de Luis siguió la vida con esa incapacidad.

Mi mamá se muere de miedo de intervenir en la violencia de mi papá y en nuestros pleitos. Dice lo mismo cada vez que mi papá se pone hecho un energúmeno por cualquier cosa. "Yo no sé tratar a personas sin educación. En mi familia nunca había gritos ni insultos. Lo mejor es no contradecirlo."

Pobre de mi papá, siempre está temiendo que la gente nos vea menos, que no nos inviten, que no nos saluden. Con las Bretón se molestó porque saliendo de la panadería Tinoco se imaginó que lo saludaban feo. Siempre se está imaginando cosas y lo peor de todo es que nosotros, especialmente yo, somos víctimas de sus complejos. Por eso prefiero encerrarme en mi recámara y seguir leyendo *Doña Perfecta* de Pérez Galdós.

¡Qué barbaridad!, ya van a ser las 9:30 y José Calvillo no me ha llamado todavía. Qué extraño; nunca lo he visto y siento que ya le tengo afecto. Me gusta cómo dice: "Guillermina". Como que hace mucho énfasis en el "Mina", eso me gusta. Me gustaría decirle que nada más me llame Mina, pero no me atrevo.

Comprendo que es un provinciano a fondo, y de clase media. Sin embargo, pienso que con su carrera podrá triunfar y hacerse de un lugar en la sociedad.

¡Ay, Virgencita de Guadalupe, haz que me llame José Calvillo, que me llame por favor!

Acabo de asomarme al teléfono para ver si mi papá no había descolgado la bocina. Gracias a Dios, el teléfono estaba bien colgado y nadie se dio cuenta que salí de mi recámara.

Otra vez se me atrasó la regla; es que he estado muy nerviosa. Por más que me doy baños de tina con agua hirviendo no logro menstruar. Virgencita de Guadalupe, haz que me venga el mes, que me hable José Calvillo, haz que me quiera por favor, haz que le guste a pesar de mis ojos saltones y de mi miopía y de mi cara que no es atractiva. ¿Pensará en mis cualidades? Si es así, haz que vea en mí una muchacha decente, pero sobre todo haz que tenga buenas intenciones para conmigo.

Virgencita de Guadalupe, sólo a ti te confieso que me quisiera casar, que ya no aguanto el carácter de mi papá. A veces siento que a nadie le importo. Reconozco que no soy interesante, ni chistosa, ni graciosa. Soy muy directa y les digo a las gentes sus defectos y sus errores. Lo peor de todo es que yo no soporto que nadie me diga nada. No, no tengo buen carácter. Y como dice mi mamá: "tu carácter o es tu dote o es tu azote". Bueno, pero también tengo cualidades: soy observadora, me gusta la literatura, la música y el cine. Creo que soy buena cristiana y que tengo buenos principios.

Me siento sola, Virgencita de Guadalupe. Hay días en que siento ganas de gritar, de llorar, de insultar. Perdóname, Virgencita de Guadalupe. Mañana sin falta me confesaré y te pondré dos veladoras muy juntitas. Una para los exámenes de José Calvillo y otra para que se me componga el carácter.

Ayer me saqué un reintegro: el número terminó en 19 como el día de San José... Si me saco una buena cantidad de dinero, quizás José Calvillo me vea, además de decente, con dote.

Treinta años

Por la mañana , vino Alejandro, mi hermano, y me gritó porque no había bajado rápido a abrirle la puerta. Está loco, es un histérico. El pobrecito es tan raro desde su accidente.

Es un chaparro acomplejado, que ni su esposa lo ha de aguantar.

Hoy por la tarde, estuve leyendo *El Universal* y escuchando a Jean Sablon y a Maurice Chevalier. Estuvo lloviendo todo el día, a causa del ciclón en Tampico. Que lástima, porque quería ir al cine Regis a ver *Cuando el amor muere*, con Robert Taylor. Me dijeron las cuatas del Vizcaya que estaba magnífica. Siempre que me las encuentro a la salida del Sagrado Corazón, me hablan de películas y me dan muchas noticias de la gente. Serán ciertas unas y otras no, pero el caso es que todas me divierten. Qué curioso, nada más una de ellas comulga, mientras que la otra se pasa la misa confesándose. Hay veces que todavía ni salimos de la iglesia, cuando ya me están diciendo: "Ay, Mina, te recomendamos la del"Parisina". No dejes de ver la que están dando en el 'Opera'. Yo creo que no tienen nada que hacer, las pobres. Me contaron que Sandrini trajo una gran comedia y que la pondrán en Bellas Artes con Virginia Fábregas. Le pediré a Beatriz que me acompañe. Ay, qué lástima que su marido, además de ser un bueno para nada, sea tan chocante e ignorante. No sabe francés. Como todos los mediocres, ese pobre se siente personaje de un mundo reducido y falto de cultura. Nadie lo toma en cuenta. Pero su principal defecto es no tener en qué caerse muerto. El otro día lo vi con el traje todo chorreado de caldo de frijoles. Da la impresión de que no es amante de la limpieza.

Saliendo con mi mamá de misa de 10, compré un billete de la lotería terminado en 6. Me dijo la billetera que hace mucho no sale este número. Virgencita de Guadalupe, si me saco la lotería me voy a Europa. Ya no pienso en Calvillo. Personaje que alguna vez me quitó el sueño, y era una ilusión en mi vida, pero se ha esfumado de mi pensamiento y de mi existencia completamente. Parece que se casó con una enfermera de Peralvillo.

Antes de comer, pasamos a visitar a Toñita Reyes, pues mi mamá quería saludar a unas primas que acaban de llegar de Guadalajara. A mí me gusta mucho ir a casa de los Reyes, porque siempre ofrecen unas aguas frescas muy sabrosas.

Ayer nos sirvieron una de chía, deliciosa. Las Reyes son muy especiales, nunca quieren dar ni recetas, ni direcciones. Siempre dicen: "ahorita no la tengo conmigo. Mañana te hablo y te la doy", pero jamás hablan. Bueno, pues en casa de los Reyes nos enteramos de que Mario del Río le estiró la cara a una de las González Paredes y que después de la feliz operación, se le mete un ojo. También nos dijeron que a Lolita Corcuera le hicieron un *shower*, donde fue lo mejor de Guadalajara; que ya está muy mejorada María Luisa Romero viuda de Teresa; que Lupe Mier se rompió un hueso al bajar una escalera. Jesús Reyes llegó más tarde y nos contó de una fiesta que dio Luis Barragán. Según él, estaban las mujeres más guapas de México, pero que sin duda la mejor vestida era Laurita Cornejo. Toñita, muy amable, le mandó a mi papá unas tortillitas muy blancas y recién hechecitas.

El sábado pasado fue la primera comunión de las niñas de Licha. Les regalé una imagen de la Virgen de Guadalupe muy bonita. La misa fue en La Profesa y el desayuno en la Flor de Lis. Vinieron las cuatas del Vizcaya, Beatriz de la Torre, las Canales, las Reyes, Mimí Mendiola y su hija, las Quijano, las Bretón y ya no me acuerdo quién más. Claro, también vinieron todos mis hermanos, con sus esposas y sus hijos.

Desde hace dos días no he obrado. Quizá se debe a que comí demasiados chocolates de Lady Baltimore. Me encantan los de turrón, los rellenos de color de rosa y también los de color verde.

A Leticia, mi hermana, la veo muy nerviosa. Parece ser que su marido tiene una aventura con la secretaria. Gracias a Dios, yo no tengo ese tipo de problemas. Lo peor de todo, es que se lo está contando a todo el mundo. Es muy indiscreta. Es que la pobre se llenó de hijos y la paciencia no es su cualidad.

El otro día, la escuché contarle todo a mis papás. Mi papá nada más movía la cabeza de un lado a otro, pero no decía nada. Este tipo de cosas lo sacan de quicio. El siempre se ha considerado como un hombre intachable, al que jamás se le ocurriría ir detrás de una mujerzuela. Bendito sea Dios, el matrimonio de mis papás ha sido magnífico, sano y sumamente correcto.

Me muero de ganas de ver *Luz que agoniza*, con Charles Boyer e Ingrid Bergman. Creo que la están dando en el "Metropolitan", pero a ese cine no me gusta ir. La última vez que fuimos Beatriz y yo, hace como dos semanas, me tocó al lado izquierdo un señor que comenzó a empujar su zapato contra el mío. No dije nada porque creí que eran cosas de mi cabeza, pero más tarde sentí que estaba frotando su pierna contra la mía. La pobre de Beatriz ni cuenta se daba; estaba come y come sus palomitas. Yo estaba nerviosísima y como que no podía reaccionar. Después este viejo cochino puso su mano sobre mi pierna. Entonces sí inmediatamente reaccioné y se la quité. Y justo en esos momentos, que me doy cuenta que tenía el pantalón abierto. Era la primera vez en mi vida que veía el negocio de un señor. En ese preciso instante grité: "¡Viejo cochino, viejo cochino!" Beatriz hasta tiró la caja de palomitas, y como rayo las dos nos paramos y nos salimos del cine. "¿Qué te hizo, qué te hizo, Mina?", me preguntaba, temblando, la pobre. Yo tenía la bilis completamente derramada, sin poder decir una palabra. Tomamos un Juárez-Loreto y durante todo el camino me puse a rezar el rosario. De los nervios, hasta la letanía se me olvidó. Llegando a la casa, Beatriz llamó al chocolate de su marido para que viniera a recogerla. Las dos nos juramos que nunca íbamos a contar lo sucedido a nadie.

Esa noche tuve una pesadilla. Soñé que un señor desnudo me correteaba por toda la casa. El señor traía una boina como la de Jesús Reyes y mientras me perseguía, me echaba palomitas. Al otro día, me confesé. El padre Jiménez me sugirió que no fuera al cine por un tiempo. "A usted que le gusta tanto leer, quédese en casa y aproveche de la buena literatura", me dijo.

Bueno, pues después de lo que sucedió en el "Metropolitan", se me atrasó la regla como 15 días. Y hasta creía que este viejo cochino me había hecho lo peor, sin que me hubiera dado cuenta. Gracias a Dios, después me vino la regla.

Lo peor de todo es que este incidente tan desagradable me impresionó tanto, que muchas veces, cuando no puedo dormir, me acuerdo de este viejo con los pantalones abiertos. Entonces luego luego me pongo a rezarle a la Virgen de Guadalupe, diciéndole: "Virgencita de Guadalupe, haz que se me olvide. Aparta de mí estas imágenes, ese señor que es el mismo diablo. A veces me ayuda la Virgen, pero a veces no.

Continúo con las jaquecas.

Cuarenta años

Hoy por la mañana, cuando fui a vaciar la bacinica, escuché la voz de mi papá que muy alta le decía a la pobre de mi mamá: "Los de tu familia nunca fueron saludables; qué diferencia con nosotros. Siempre fuimos sanos, fuertes. Nunca nos enfermábamos". Cuando justo salía del baño, escuché que mi mamá le contestaba con una voz muy cansada: "Habrán sido muy sanos porque son rancheros". Furioso, mi papá le replicó: "Anda tú, taruga. Seremos de rancho, pero con salud y vitalidad". En esos momentos salió de la recámara de mi mamá y nos topamos en el corredor. Empezó a insultarme: "¡Idiota!, qué estás haciendo allí? Pareces loca. Anda, ve a buscar periódico y leña para el calentador. Pero rápido, ¿qué no ves, que ya es muy tarde?" No le contesté nada para evitarme dificultades. Tenía razón mi mamá: mi papá, a pesar de ser un hombre trabajador, que le había dado carrera a sus tres hijos, no dejaba de ser un hombre del campo. No porque se casó con una mujer de las mejores familias de Guadalajara, a él se le había quitado lo primitivo. Eso sí, de todos sus hermanos, mi papá había sido el más blanco. Por eso todos nosotros, bendito sea Dios, salimos con la piel tan blanca. Afortunadamente, mis hermanos y yo tenemos tipo de gente decente. Mis papás grandes eran de rancho, pero indios, eso sí que no.

Hoy por la tarde, fui a buscar los análisis de mi mamá a la calle de Bucareli. Estamos esperando al doctor Reygadas, que vendrá a interpretarlos. Hay días en que la veo con muy mal semblante. Desde la caída del autobús, mi mamá ya no es la misma. Dice el doctor que si el corsé no la ayuda a restablecerse de la espina, tendrá que operarla nuevamente. Me parece que cada día camina peor. Se lo he dicho a los estúpidos de mis hermanos, pero siguen sin hacerme caso. Son unos imbéciles. Parece increíble, pero mi papá se niega a aceptar que mi mamá debe quedarse en cama la mayor parte del día. En el fondo me da lástima, sobre todo cuando trata de animar a mi mamá. "Hoy, Leticia, amaneciste con mejor semblante. Deberías dar una vuelta en coche por Chapultepec", le dice. El sábado pasado insistió en llevarla al cine Versalles, a ver *Violetas imperiales*. Le llevamos su llanta, para que no se cansara al estar sentada. Estaba feliz la pobrecita, hasta se comió un Tin Larín. Salió encantada. Lo malo es que por la noche le dolía muchísimo la espalda y tuve que ponerle una inyección para bajarle el dolor. No dormí nada, por cuidarla. Me da mucha rabia porque la amolada siempre soy yo. Yo hago todo, voy al mercado, ayudo a la muchacha en la cocina, cuido y acompaño a mi mamá. Que me perdone Dios, pero ya estoy hasta el copete, harta, fastidiada. Ayer tuvo diarrea, y como todavía no se acostumbra al patito, tuve que cambiarle de camisón cuatro veces. Para colmo, nadie agradece nada. Qué gano con ofrecérselo a Dios Nuestro Señor. Es injusto. Mis hermanos no hacen nada, son unos idiotas. Creen que con venir a verla 15 minutos es suficiente. Bola de egoístas. Pero todo se paga en la vida. Ya la pagarán con sus hijos. Son unos imbéciles.

Mi papá nada más grita y se queja de los inquilinos de las casas de Peralvillo. No he salido con Beatriz de la Peña, desde hace más de tres semanas. Ya ni puedo ir a la Librería Francesa.

¡Qué barbaridad!, ya son cerca de las siete y media. Tengo que ir a ponerle la televisión a mi mamá, para que vea el programa de *Un solo hombre*. Le gusta mucho Hum-

62

berto G. Tamayo. A mí, sinceramente, me cansa. Hoy lunes, es *Mesa de celebridades* con Agustín Barrios Gómez.

El domingo, a la salida de misa de doce, me encontré con las cuatas del Vizcaya. Conchita está cada día más fea. Se le ha puesto cara de criada. Su hermana tiene mejor tipo, aunque cada día está más petacona. Quedaron en que pasarían a ver a mi mamá este sábado.

Después de darle de desayunar a mi mamá, le leí el periódico. Hoy en *Excélsior*, en la sección de sociales, sale horrible la Sra. Ruiz Cortines. Pobre mujer, ¿por qué siempre saldrá retratada con cara de drama? En una foto aparece con una bolsa sobre el estómago. Parece como si llevara la canasta del mandado. Dicen que tiene unas joyas magníficas. Sale retratada en Bellas Artes en una función de ópera. A su lado aparece Tomás Braniff, vestido de frac. Mi mamá y yo estábamos muertas de la risa con la cara de Carmen Tinoco, que también está en la foto con una estola de pieles; más bien parece que lleva un rebozo de bolita. Estas Salazar son unas buenas peladas venidas a más. Cuando estábamos en el colegio, ellas vivían en una vecindad en Santa María. Creo que su mamá cosía vestidos de novia. Y ahora resulta que porque se casó con este Rafael Méndez, ya va a la ópera con todo y estola.

Lo que son las cosas de la vida. Ayer me di un agarrón con Leticia, mi hermana. Quería llevarse la pintura con el escudo de armas de la familia de mi mamá. Le dije que estaba loca, que ese cuadro no salía de la casa, mientras estuviera viva. Me empezó a insultar: "Histérica, acomplejada, panzona, anteojuda por eso no te casaste, idiota, zorimba, cuachalota, cochina, vives en un mugrero, loca, imbécil". Todo eso me lo gritaba desde abajo —"¡Qué bueno, qué bueno!, muy mi mugre, muy mi locura, le respondía, sacándole la lengua. Leticia ¡está loca!"

Cincuenta años

Hoy después de la misa, fui a comprar a Bucareli 8 el disco L.P. con la voz de su Santidad Paulo VI recitando el Padre

Nuestro. Después, fui a buscar mis anteojos con el oculista y luego a cambiar mi billete de lotería, que por cierto, terminó en 4. Con el dinero, compré un número muy bonito: 19079. Me dijo el billetero que hace mucho no sale el 9. Pasé al mercado. Regresé a la casa a hacer la comida de mi papá. Mientras doraba los fideos para la sopa aguada, me acordé de mi mamá. La recordé frente a la ventana de su recámara, donde la instalaba todas las mañanas para que ella misma se terminara de arreglar. En una mesita, le ponía su crema Pond's, una jícara de agua tibia enjabonada, un cepillito para las uñas, jabón y una toalla. También le acomodaba su peine, sus orquídeas, sus rellenos de pelo, para que se pudiera hacer su chongo. Dos horas se pasaba haciendo su aseo y preparándose para cuando llegara mi papá. Cuánta paciencia le tuvo. ¡Pobrecita! Me da la impresión de que se murió desencantada de la vida. A veces me parecía que estuviera esperando la muerte frente a la ventana. Se quedaba horas y horas mirando un punto fijo, como en el entendimiento extraviado. "¿En qué piensas mamá?", le preguntaba. "No pienso, me acuerdo de cosas que creía, que ya se me habían olvidado." me contestaba. Por más que le insistía que me contara, jamás quiso hacerlo. ¿De qué tanto, se acordaría?

La sopa no me quedó buena, los fideos se me doraron mucho y no tenía sabor. Mi papá se la acabó y por primera vez, cosa curiosa en él, no se quejó.

Por la tarde, vino María Luisa la pedicurista a hacerme los pies. ¡Qué alivio siente una cuando le desentierran las uñas! Desde hace una semana, tenía una clavada en el pie izquierdo, y esto hacía que sintiera que todo me apretaba: las ligas de las medias, el resorte de los calzones, el porta busto y lo peor, los zapatos.

Mañana debo pagar el teléfono y la luz. A ver si mi papá me quiere dar dinero; si no nos van a cortar el teléfono. Y eso sí sería horrible, hablar por teléfono es lo único que me distrae.

Hoy por la noche, me siento muy nerviosa por todo lo que me ha sucedido desde el lunes. Ese día, tomé el Juárez-

Loreto en la calle de Milán, porque quería ir a ponerle una veladora al Señor de Chalma y de paso a "Celaya", para comprar mis dulces. Al subir al camión, vi que estaba en los primeros asientos ese señor alto, de sombrero, que siempre se pone en la esquina del Sagrado Corazón. Desde hace algunas semanas lo vi y me llamó la atención, pues para vender billetes de la lotería, me pareció demasiado elegante, primero porque no es prieto y segundo porque tiene buenas facciones. De ningún modo tiene la apariencia de un billetero. Más bien parece provinciano, venido a menos.

Un día, no hace mucho, me fijé que miraba hacia la ventana de mi recámara, que da justo frente al Sagrado Corazón. Cada vez que me asomaba, inclinaba la cabeza y se quitaba el sombrero. El miércoles pasado, el sacristán de la iglesia me comentó que le había preguntado mi nombre. Que le dijo: "Con todo respeto, ¿me podría usted decir cómo se llama la señorita de anteojos, que vive en la casa gris de enfrente, y que viene todos los días a misa de doce?" Gracias a Dios, el sacristán no le dio mi nombre. "Si se lo cuento, señorita Guillermina, es para que se cuide", me previno. Por eso cuando lo descubrí en el camión, me puse nerviosísima y me fui a sentar hasta los lugares de atrás. Cuando pasé frente a él, me hice la disimulada, pero me fijé que inclinó y se descubrió la cabeza. Naturalmente, no le contesté el saludo, y mirando fijamente la ventana, me puse a rezar el rosario. "Dios te salve, María, llena eres de gracia, bendita eres entre todas las mujeres...", decía cuando me di cuenta que ya era mi parada. Me bajé muy nerviosa y fui caminando hasta la Librería Francesa. Allí, mientras pagaba en la caja el, *Point de Vue* y el *Paris Match*, me di cuenta que estaba parado frente a la librería. Entonces, me puse a platicar un ratito con la empleada. Le pregunté si ya había visto la película *Mon Oncle* y me dijo que sí, que le había gustado mucho. Estuvimos comentándola más de diez minutos. Por un momento pensé que ya se había ido, pero al salir de la librería, seguía allí con su pantalón azul marino y su chaqueta cazadora de gabardina. Me hice la disimulada y caminé hacia Woolworth. Entré y me dirigí hacia la dulcería que está luego luego a la entrada. Vi los garapiñados y se me antojaron y compré un kilo, y 250 gramos de chocolate claro con nuez. Saliendo, me di cuenta de que estaba frente al cine París. Empezaba a oscurecer y me acordé que mi papá me había pedido comprar el pan dulce. Me fui por Reforma y justo en la esquina, donde está High Life, le di vuelta a Milán. En la panadería compré: dos campechanas, una rosquita de canela, un picón, una concha de vainilla y dos teleras. Cuando salí estaba allí; después, pasé a la botica a comprar Milpar, porque hace dos días que no obro, a pesar de una bolsita de ciruelas pasas que me comí. Al salir, ya no estaba. Era de noche y comenzaba a hacer frío. Dos veces volteé, para ver si me seguía, pero no vi a nadie. Curiosamente, me sentí aliviada por un lado, pero por otro como decepcionada. ¿Por qué no habría insistido? Caminando por la calle, completamente sola, sentí miedo, y pensé que era una lástima que ya no estuviera él para cuidarme de los malhechores que luego se ponen en la esquina de Roma y Milán.

Llegué a la casa agitada. Mi papá ya había llegado. Apenas escuchó que cerraba la puerta, enseguida empezó a gritarme: "Guillermina, ¿estás loca? ¿Por qué llegas a estas horas? No hay leche. ¿Compraste el pan dulce?" Me fui a la cocina a prepararle su merienda.

Después de cenar, me encerré en mi cuarto y me puse a escuchar en la XEW, el *Diálogo con el recuerdo*, con la Cómoda de Alambres de Guillermo Alvarez. Desde mi cuarto, oía que mi papá iba y venía al baño. Estaba furioso porque no había merendado leche. Esa noche, en su lugar tomó un té de hojas de naranjo.

Ayer por la tarde, al venir del super, lo vi de lejos. Al pasar frente a él, me ofreció sus billetes de lotería. Me dio pena y lo saludé con mucha discreción. Le pregunté si no tenía uno terminado en 7, porque era el número predilecto de mi mamá. Inmediatamente lo sacó. Le compré tres cachitos y nos pusimos a platicar.

Lo único que sé de él es que se llama Rafael Barrera, que vive por Xochimilco y que le gusta mucho el cine.

Si supiera mi papá que estuve platicando con él, es capaz de matarme. Virgen de Guadalupe, haz que jamás se entere de la existencia de Rafael Barrera.

De cerca es mejor que de lejos.

Sesenta años

Son las dos de la mañana y no logro dormir. Prefiero entonces ponerme a escribir para no tener malos pensamientos. Hoy amanecí de mal humor, con mi pierna muy adolorida. Anoche me acosté hasta muy tarde por estar hablando por teléfono con Beatriz de la Peña. La pobre ya no aguanta al idiota de su marido, que está enfermo de la próstata, le dije que igualito estaba mi papá antes de morir. Esa Beatriz habla hasta por los codos.

Fui a misa de doce. A la salida, me peleé con el Padre Jiménez. Me reclamó que el domingo pasado hubiera rechazado la comunión con el Padre Escudero. Le pedí que en esos momentos me confesara, para poder contarle la verdad. Entramos de nuevo al Sagrado Corazón, él se metió al confesionario y yo me fui a arrodillar. Le expliqué: "Mire padre, a mí el Padre Escudero no me gusta, primero porque es prieto, y segundo porque me da mala espina, porque siempre me está haciendo preguntas muy personales e indiscretas. Además, todavía no le perdono aquel día que me negó la comunión, porque el sacristán le había contado que yo era amante del billetero. Es un viejo inhumano, padre, que no sabe perdonar al pecador. Por eso, cuando me dio la hostia, con su mano prieta, no abrí la boca en señal de protesta. Estoy segura que Dios Nuestro Señor sabrá comprender." El padre me pidió que fuera más humilde, y como penitencia, me dejó tres misas y cuatro rosarios. ¡Cómo han cambiado los tiempos! Ahora los padres no son como los de antes. Qué diferencia con el padre Acquie, ése sí que era un santo. Además, tenía los ojos azules y sus manos parecían palomas.

Por la tarde, puse mis discos de Tino Rossi y mientras los escuchaba, arreglé mi librero y el armario. ¡Qué barbaridad, cuántas cosas guardo! Bien me lo decía mi mamá. Tengo como treinta cremas de *Orlane*, doce lociones de marcas diferentes, botellas de crema para las manos, polvos, en fin muchísimas cosas sin abrir, todas sumamente empolvadas. En un diccionario viejo me encontré con unas esquelas del periódico por la muerte de mis hermanos Licha, Manuel y Alejandro, ¡pobrecitos! Las separé por sobres y las puse junto con las de mis papás. Reacomodé todos mis libros de italiano del Instituto Dante Alligheri. Me puse a recordar algunos verbos: *io sento, tu senti, egli senti, ella senta, noi sentimo, voi sentite, essi sentono.*

¡Qué curioso!, en el fondo del armario encontré la caja china laqueada con el vestido de novia de mi mamá. Allí también estaban su libro y su rosario de marfil, ¡precioso! Los besé con todo respeto y tuve ganas de llorar al ver su ramo de azahares completamente amarillentos. Mi mamá me había contado que el vestido lo había comprado en la Ciudad de México y que se lo había hecho con tela francesa, una costurera que se llamaba Madame Guillow. Lo saqué con mucho cuidado y me lo probé sobre el vestido. Me vi en el espejo y algo en mí me asustó. No sé por qué en esos momentos me puse a hablar en voz alta. "¿Quién soy?", comencé a preguntarme mirándome fijamente a los ojos. "¿Quién soy, dime, mamá, ¿quién soy?", gritaba frente al espejo. Después, me puse a llorar. Lloré muchísimo. Para alegrarme, escuché mis discos. Escogí el que más le gustaba a la pobrecita de mi mamá, ése argentino que dice "Por la calle de Florida, muy bien vestida pasa Isabel". Luego puse el disco preferido de mi papá: *El lago de los cisnes*. Y después *El tercer hombre*.

Ya van a ser las tres y media y yo sigo escribiendo. Toda la casa está oscura, nada más escucho las patitas de los ratones que andan por la recámara de mi papá. Tengo frío. En estos momentos estoy mirando las persianas de mi ventana y veo que están completamente descompuestas. ¿Cómo no me había dado cuenta antes? Mañana, sin falta, busco afuera del super, al muchacho que siempre está ofreciendo arreglar persianas.

No quiero dejar de escribir, ni mucho menos quiero apagar la luz porque tengo la impresión de que todos mis pecados se me vienen encima, incluyendo los de mi papá, mi mamá y los de mis hermanos. Como si estuvieran metidos por todos los rincones de esta casa tan vieja y tan fea. Si me saco la lotería con el entero que compré, la mandaré pintar y a arreglar la humedad. Me compraré otro colchón, otra cama, un calentador de gas y un tocadiscos moderno. Me iré a París y a Roma.

Virgencita de Guadalupe, haz que gane la lotería, yo no quiero vivir en una casa donde se siente el pecado, donde se respira tanto polvo de hace tantos años, y donde se escuchan los pasitos de los ratones que no dejan de ir de un lado al otro, como si alguien los estuviera espantando. Me duele la pierna, pero lo que más me duele en estos momentos es esta horrible soledad que hace que me acuerde de cosas que creí que ya se me habían olvidado.

¡Ay, mamacita!

Cuando la señorita de los laboratorios Frontera le entregó el sobre cerrado, Josefa sintió que el corazón se le quería salir de su pequeño bra, de encajito blanco. Con las manos ligeramente húmedas, y en la boca un saborcito a centavo (americano), abrió el sobre. Como en cámara lenta, sacó la hoja doblada en tres, con el resultado de los exámenes. La desdobló, la acercó a los ojos y leyó: "Prueba de embarazo: POSITIVO". "Po-si-ti-vo", volvió a leer. ¡No, no lo podía creer! ¡Entonces era cierto lo que intuía desde hacía dos semanas! ¡Estaba em-ba-ra-za-da! Con la misma lentitud, y con una dulce sonrisa en los labios, volvió a plegar la hoja de los exámenes, la metió en su sobre y lo guardó con toda delicadeza dentro de su gran bolsa de piel con jareta, comprada durante su último viaje a Roma.

"¡Ay, señorita, ¿me permite tantito su teléfono?", pidió Josefa con su modo tan lindo y educado. Naturalmente la recepcionista no le puede negar ese favor a una señora tan bonita, pero sobre todo tan feliz. "¡Sí claro!", le contestó. "Mil gracias", repuso Josefa. Con el índice tembloroso marcó el número. "¿Bueno, Lety? Habla la señora Josefa, ¿me pasa porfa al licenciado?" "Permítame, por favor, señora". Josefa esperaba, sintiendo que el corazón no dejaba de brincotear. "Bueno...¿adivina qué? ¿No adivinas? ¡Vas a ser papá! ¡Te lo juro! ¿No me crees? ¡Ay, Manolo, no es broma, te estoy hablando super en serio! ¿Te acuerdas que te dije que no me había venido mi *month period*? Bueno, pues era por eso. ¡Te lo juro! ¿No estás felicísimo? ¡Híjole!, no lo puedo creer. ¡Qué padre!, ¿verdad? Oye, voy a comer a casa de mi mami. ¿Me hablas allí? *Okey*. Oye, esta noche no vayas a llegar tarde, ¿eh? Los dos te estaremos esperando. ¿Cómo que quiénes? Pues el *baby* y yo. ¡Ay, qué tonto! *Okey*. Te mando diez millones de besos. Chao".

La recepcionista escuchaba encantada la conversación telefónica. Era tan bonito oír a aquellas señoras, cómo se lo anunciaban a sus maridos. "¡Felicidades!", le dijo a Josefa cuando le entregó el recibo por el pago de los análisis.

"¡Felicidades!", eso era exactamente lo que sentía, muchas felicidades, de saberse por vez primera madre, de sentirse fértil, de asumirse no nada más como esposa, sino como mujer. No, no había duda, la vida seguía consintiéndola. Primero le había dado unos papis lindísimos, super a todo dar, como decía ella; segundo, había tenido la fortuna de nacer en un hogar cristiano, sano y, encima de todo, privilegiado en lo material y por supuesto, en lo moral. Siempre había recibido el buen ejemplo de sus padres, el cariño de sus hermanitos y el afecto de todos sus cuates. Había tenido la suerte de estar en uno de los mejores colegios de monjas, con niñas de familias conocidas, además de la oportunidad de haber pasado dos años en un excelente internado en Londres. Desde pequeña le habían enseñado a agradecerle a Dios Nuestro Señor todos estos privilegios. No todo el mundo tenía esa suerte, sobre todo en un país, como México, donde existen tantos contrastes económicos y sociales. "Piensa en los que no tienen", le repetía su madre bajo cualquier pretexto. Gracias a Dios, la habían educado con esa conciencia. ¡Cuántas amigas de su colegio o de su universidad se negaban a reconocer que si pertenecían a una clase holgada, era precisamente en detrimento de muchos mexicanos. "¡Ay, Josefa, tú siempre tan rollera!", se burlaban de ella sus compañeras de la Anáhuac. Muchas de ellas se negaban a admitir las inquietudes honestas de Josefa. Incluso el mismo Manuel le hacía un poco de mofa: "Eres una niña romántica", le dijo un día que Josefa defendía a los nicaragüenses. "Ay, oye, es que si los Estados Unidos invaden a Nicaragua, se me haría un acto super criminal".

74

Nada entristecía más a Josefa que toparse con vendedores ambulantes. "Para mí que el gobierno debería de educar a todas estas "Marías" en los quehaceres domésticos para que después pudieran ser "maids" en casas particulares". Pensaba cada vez que cruzaba el entronque de Periférico y Palmas.

Sí, Josefa había nacido con una gran estrella dorada en la frente, la misma que hizo que conociera a Manuel. ¿Qué más podía pedirle a la vida al estar casada con un niño super bien, educado, egresado del Itam, simpático, super listo para los negocios, super abierto, super buen amigo con los cuates, deportista, viajado, super sensible? Y que por añadidura, hablaba inglés y entendía el francés. Además de que aparte de conocer a todo el mundo, todo el mundo conocía a su familia. Manuel Girón había venido al mundo casi, casi con la misma suerte que Josefa. El mayor de una familia de cuatro, había sido el consentido de los abuelos, de los tíos, tías, primos mayores y de todo el servicio doméstico de estos familiares. Había sido un niño precioso, de pelo ondulado y rubio, de ojos grandes color cajeta. Cuando sonreía, se le hacían unos hoyuelos en sus mejillas, provocándole una expresión angelical, misma que le abría todas las puertas del mundo. La trayectoria de Manuel era la siguiente: los primeros tres años en el Kinder Tres Picos. Dos años en el pequeño curso francés de Madame Durand y el resto de la primaria, hasta el bachillerato, en el Instituto Cumbres, donde obtuvo los mejores promedios. Al terminar su preparatoria fue mandado a uno de los mejores colegios en Montreal. Dos años después, al volver, su propio padre lo llevó ante el rector del Itam y le dijo: "Mano, te traigo a mi hijo, porque quiere ser economista". Durante ocho semestres estudió Manuel con excelentes resultados. Sin embargo, el último semestre parecía no ser tan brillante, pues en esos meses, comenzó a salir con Josefa, a la que conocía desde hacía muchos años en el Club Chapultepec.

Unos meses después de recibirse, Manuel y Josefa se casaron. Durante varios días, en la sección de sociales de los principales periódicos de la capital, hablaron de la boda: "La iglesia de La Profesa fue el marco donde se efectuó la elegante ceremonia religiosa que unió las vidas de Josefa y Manuel. Después de las significativas palabras y la bendición del R.P. Antonio Paniagua, más de mil invitados de estas dos distinguidísimas familias representantes de lo más selecto de la sociedad mexicana, participaron de una elegante recepción en la Hacienda de los Morales, donde brindaron por la nueva pareja y les expresaron sus mejores deseos", decía en una de las columnas más leídas de un importante diario.

De regreso de su luna de miel en Nueva York, Manolo entró a trabajar en una Casa de Bolsa, que estaba creciendo a pasos agigantados y que solicitaba de inmediato a jóvenes dinámicos, preparados, educados, con buenos modales y sobre todo ambiciosos y con muchas relaciones. Manuel Girón parecía hecho a la medida para este puesto.

Cuando Manuel Girón señor, hablaba de Manuel Girón junior, decía: "Estoy muy satisfecho con este muchacho. Va a llegar lejos. Es un joven inteligente. Pero sobre todo es un muchacho feliz, casado con una niña monísima que lo quiere mucho. Manuel nos ha dado a mi mujer y a mí, muchas satisfacciones. El solito, sin mi ayuda, está trazando su camino. Jamás ha querido trabajar conmigo en la compañía. Realmente este muchacho es admirable".

Josefa se dirigió al elevador, sintiendo su paso ligero y seguro. Junto a ella esperaban dos señoras. La más joven llevaba de la mano a una niña que no dejaba de meterse el dedo en uno de sus pequeños orificios nasales. Josefa la miró y le sonrió con todo su instinto maternal, que ahora sentía surgir en ella como nunca. La niña actuó con total indiferencia. Continuaba buscando con su dedito, quién sabe qué cositas en el interior de aquella naricita de ensueño. Al salir del elevador, Josefa le guiñó un ojo.

"Mil gracias", exclamó Josefa, cuando un joven del estacionamiento le trajo su Jetta gris plateado. Como propina le dio diez mil pesos. ¡Estaba tan contenta, que tenía ganas de repartir propinas a todo México! En tanto que manejaba iba pensando: "Mis papis se van a poner felizazos con la noticia. ¡Híjole!, y también mis suegros. Será su primer nieto. Ay, Dios quiera que sea niño. Siempre es mejor comenzar una familia con un heredero, por aquello del apellido. ¡Ay, no me lo puedo imaginar de papá! Es que todavía no lo puedo creer. ¡Qué maravilla, mi primer hijo. Todo esto es como un milagro!"

Al llegar a casa de sus papis en Virreyes, tocó el cláxon con la clave de la familia: ¡pí,pí,pí,pí! Enseguida, le abrió la puerta José, el chofer de la familia desde hacía más de veinticinco años. "¿Está mi mami?", le preguntó al salir del coche. "Sí, Josefita, está hablando por teléfono en la biblioteca", contestó José, quien hasta la fecha no se acostumbraba a decirle "señora". Josefa entró a la casa dando de saltos. Siempre que venía a su casa se sentía de inmediato Josefita. "¡Mami, mami, adivina qué!" gritó desde el vestíbulo. Pasó por una sala llena de objetos, muebles de terciopelo, tapetes persas, marcos de plata, santos estofados y pinturas coloniales. Subió las escaleras de piedra y barandal de fierro forjado. Atravesó un corredor donde había muchas fotografías colgadas en los muros de color chabacano. Allí estaban enmarcadas las fotografías de las vacaciones familiares: veleando en Valle, esquiando en Vail, montando a caballo en la Hacienda de los Sánchez Narváez, haciendo esquí acuático en Acapulco; fotos de la primera comunión de Josefa, de los hermanos, y el gran retrato nupcial, donde aparece vestida de novia con sus papás, sus suegros y sus damas. "¡Mamá, adivina qué!", volvió a preguntar, los ojos azules llenos de alegría, "los análisis salieron po-si-ti-vos. ¿Te das cuenta? *I am expecting a baby*". Seguido su mami y ella, hablaban inglés, sobre todo cuando se referían a temas importantes. Al escucharla su madre, de inmediato se despidió de su amiga con quien hablaba por teléfono. "Te llamo al ratito, porque ya llegó Josefita". Abrió los brazos y madre e hija se abrazaron con toda la ternura y alegría, que dejaban fluir con toda libertad. "Te felicito m'hijita linda. ¿Ya le hablaste a Manolo? Vamos a hablarle a tu papi", le sugirió con las lágrimas en los ojos.

"Me acabas de hacer un viejo abuelo", le contestó don Sebastián, con voz muy enternecida. "¡Qué bueno m'hijita.

Espero que herede tu belleza y la inteligencia del padre, y no al contrario", agregó entre risas.

Al terminar de comer, Josefa se fue corriendo a casa de su mejor amiga, Cecilia, para anunciarle la noticia. "¡Qué padre! Vas a ver qué divino es ser mamá. Claro que a veces, los *babies* son *too much*. ¡Ay, pero te dan tantas satisfacciones! A mí por ejemplo, Carlitos, ya me divierte, a pesar de que nada más tiene 15 meses. ¡Ay qué padre, oye! ¿Vas a seguir con el mismo ginecólogo? ¿Con Felipe Castro? Qué bueno porque es de los mejores".

Esa noche, Manuel y Josefa, se quedaron en la sala muy juntitos, escuchando discos de Mozart y pensando en diferentes nombres para el *baby*. Más tarde, Josefa no pudo dormir imaginando la enorme responsabilidad que era tener un hijo. También se puso a pensar si se haría diseños originales de vestidos de maternidad, con Teresita la costurera de la familia, o si iría a los Estados Unidos a comprarse ropa.

Seis meses después, Josefa había engordado estrictamente seis kilos, uno por mes. Nada le gustaba más que le dijeran: "¡Ay, qué barbara, no se te nota nada!" En efecto, apenas se le advertía un pequeño vientre, propio de alguien que gusta tomar muchos refrescos con gas. De hecho, la maternidad la hacía parecer más bonita, joven y vital. Muchas de sus amigas le habían pasado algunos conjuntitos para mujeres embarazadas, pero la mayor parte de su guardarropa de mamá lo había comprado en Nueva York, en una boutique especializada, en Fifth Avenue. Allí había encontrado "unos *jeans* ¡super modernos!, unos conjuntos ¡padrísimos!; y hasta una falda recta, super mini y de piel importada de Italia. En la parte de enfrente tiene una bolsita en seda, como las de los kanguros", le contaba a sus amigas. "Con esa falda te ves muy sexy" le decía Manolo orgullosísimo, cada vez que se la veía puesta. Tan sexy, se veía con su faldita, que un día saliendo del Aurrerá de Barrilaco, un albañil que comía su torta, justo en la esquina donde Josefa había dejado estacionado el coche, al verla pasar, delante del "cerillo" que empujaba un diablo repleto de bolsas de comida de la semana, le gritó: "¡Ay mamacita, qué buena estás!" Al escucharlo, Josefa se quiso morir de vergüenza. Pero después reflexionó que no había por qué molestarse, puesto que la habían llamado "mamacita", y eso era exactamente lo que era hacía seis meses. En el fondo, este piropo la halagaba: era la primera vez en su vida que le decían: "¡Ay mamacita!" Finalmente, aceptó que lo sentía agradable, aunque fuera de lo más vulgar del mundo. Sobre todo aquello de: "¡que buena estás!"

Esa misma tarde, al llegar a su casa, le llamó por teléfono a su marido para contárselo. "Es que embarazada te ves muy buena", le dijo Manuel, muy ufano de tener una esposa que llamara la atención de ese modo. "No, lo que pasa es que a los nacos les gustan las gorditas", le contestó Josefa. Esta anécdota se volvió clave durante el embarazo. Cuando el matrimonio Girón se encontraba en su grupo de amigos, Manuel siempre lo sacaba a relucir en tono divertido, sintiéndose muy liberal y pillín. "A ver, diles cómo te dicen por la calle." "¿Por qué no les cuentas tus aventuras con los albañiles?" Esto a Josefa le divertía muchísimo, la hacía sentir "muy mamacita", literalmente y en todos los sentidos de la palabra. Sin embargo, y para que no se le notara que le gustaba, decía: "¡Ay no, guácala con los albañiles! Si vieran el asco que me dio. La próxima vez voy a ir al Super con el típico vestido de maternidad de la típica madrecita mexicana". "Ja-ja-ja", se reían todos.

Mientras Manolo trabajaba como nunca en la casa de bolsa, Josefa hacía a conciencia sus ejercicios psicoprofilácticos. "Inhalar, exhalar, inhalar, exhalar", repetía mentalmente, mientras miraba el segundero de su reloj Panthere de Cartier, que su marido le había regalado para celebrar el embarazo. Lo importante era superar cada vez el tiempo de duración. La relajación era lo que más se le dificultaba. Por más que intentaba poner su mente en blanco, no lo lograba. La invadían miles y miles de pensamientos de todo tipo. Cuando la instructora le revisaba para ver cuán relajada estaba, le decía: "¡Ay Josefa, estás muy tensa. Piensa que estás sobre una playa y déjate ir...". Pero Josefa no se podía dejar ir, temía perderse en alguna parte. Lo mismo le sucedía cuando hacía el amor con Manolo, siempre que estaba a punto de tener un orgasmo y de disfrutar plenamente el acto sexual, se acordaba de miles de tonterías: "¿Qué me voy a poner para ir al coctel de Ceci? ¡Híjole, creo que ya me sobregiré con mi tarjeta". "Mañana sin falta, voy por mi blusa a la tintorería". "¿De qué color pondré el cuarto del *baby*. ¿Amarillo o blanco?" Una vez, intentó comentarle esto a su marido pues se sentía preocupada, pero al ver que éste no le daba la mínima importancia, dejó de preocuparse.

A pesar de sus múltiples compromisos, Manuel nunca dejaba de acompañar a su esposa a las conferencias del psicoprofiláctico que se impartían una vez al mes en el auditorio del Hospital Inglés. Allí, ante decenas de jóvenes parejas, la señora Raquel, experta instructora, explicaba todo acerca del método del Parto sin Dolor. También durante las pláticas, se hablaba de los cuidados del bebé, la lactancia, los ejercicios de respiración, etc. Al término de la conferencia, surgían todo tipo de preguntas, dudas e inquietudes. A Manuel le gustaba mucho participar. Era una manera de lucir sus aptitudes para hablar en público, además de demostrarle a Josefa lo interesado que estaba en su embarazo. Al salir, iban a cenar al Champs Elysees, o al Honnefleur. Durante estas cenas y aprovechando su *tête á tête*, Manolo comentaba con todo lujo de detalles sus últimos éxitos en la casa de bolsa. "¿Sabes cuántos puntos subió hoy la bolsa? Dos mil. Estoy ganando mucha lana. Cuando el *baby* cumpla tres meses, te llevo a Europa. ¿Sabes que quiero comprar un terreno en Tepoz? Ya le dije a Rafael y a Ceci, que cuando vean uno como de 4 mil metros, nos avisen". Josefa escuchaba a su marido con admiración y gusto. Así en tanto que comía, por ejemplo una trucha *meuniére*, le daba gracias a Dios de todas estas gracias, sintiéndose cada vez más realizada. También ella le contaba sus cosas y los planes que tenía para el próximo nacimiento. "Ya me dieron el número de telefono de una *nurse*. Parece que es increíble. ¿No te importa si tengo enfermera todo el primer mes? Dice el doctor que nuestro bebé ya podría nacer, que su cuerpo mide 37 centímetros de largo. Que el sexto mes es el momento en que se llena de grasa y se cubre de un baño de materia sebácea. Yo no le entendí ni papas. ¡Ay, pero vieras qué lindo es el doctor Castro! Me hace sentir en super confianza. Te lo juro que le puedo preguntar todo tipo de cosas. El otro día le pregunté: "¿De veras no se aplasta el *baby*, mientras *we make love*?" Me dijo que para nada. Lo malo es que tú sí me aplastas, ¿verdad?" A Manuel, le encantaba el sentido del humor de su esposa. Sobre todo cuando se ponía, como decía él, "un poquito pillina". Le gustaba que fuera espontánea, fresca, chistosa y super ingenua. Le gustaba sentirse mucho más inteligente que ella, aunque lo encontrara normal. Le gustaba protegerla y consentirla. Cuando los domingos iban juntos a misa de doce, en San José de la Montaña, le gustaba verla rezar con sus manos juntas, como si fuera una niña. Siempre que la veía venir por el pasillo de la iglesia, después de comulgar, tenía ganas de estrecharla entre sus brazos y decirle cuánto la quería y respetaba.

A los ocho meses, Josefa no se podía poner más su falda mini de piel, ni los *jeans* que compró en Nueva York. Después de haber engordado 9 kilos y medio y de haber buscado ropa bonita por todo México y de no encontrar más que "¡horrores!", no tuvo más remedio que pedirle a la costurera de su mami los típicos vestidos de maternidad. Lo único que la consolaba es que estaban hechos con telas de importación.

Por las mañanas, corría de un lado a otro arreglando cajones, tapizando el clóset del cuarto del *baby*, ordenando en canastillas de mimbre docenas y docenas de camisetitas de algodón, las de tira bordada, los pañales que le había traído su mami de Houston, las piyamitas con inscripciones tipo: *"baby is sleeping"*. *"I love Snoopy."* *"Be careful, I am very little"*, etc. Con el tiempo había acumulado chambritas en tono azul y rosa, baberitos, zapatitos, booties, sabanitas, *recieving blanckets*, toallas con capuchón, gorritos, franelitas, playeritas, mamelucos marca Absorba, etc. El cuarto del bebé estaba prácticamente terminado. Ya se había colocado

81

el papel tapiz encargado a Christian Fersen, decorado con pequeñas nubecitas que flotaban por doquier. Las cortinas y la colcha de la cama de la enfermera llevaban el mismo estampado, así como la pantalla de la lamparita del buró. Sin chistar, Manolo había hecho el cheque por más de dos millones de pesos para la decoración de la recámara. Lo que aún no sabía Manuel, es que faltaban más cheques por firmar para la compra del cambiador, el moisés forrado con organdíes suizos, la bañera, la báscula, el bambineto, el portapañales, el móvil musical, el *walkie talkie* para escuchar desde otra pieza si el bebé llora, la televisión portátil para la enfermera, todos los artículos de *toilette* de marca Nenuco, importados directamente desde Barcelona, chupones, el esterilizador, el vaporizador, el humidificador, la carreola, las sonajas, los muñequitos de peluche.

La mami de Josefa también se encontraba muy nerviosa con los preparativos de su primer nieto. Había mandado a encañonar a la boutique del Angel, el ropón con el que ella misma había sido bautizada. Ya había comprado la medalla de la Virgen de Guadalupe de troquel antiguo, y había mandado a hacer con unas señoras españolas las estampitas para el bautizo, escritas a mano con tinta color sepia. Cuando visitaba a su hija, juntas se divertían pensando en nombres para el *baby*. En su agenda Hermés, apuntaban las posibilidades por si era niña (Josefa se había negado a conocer de antemano el sexo del bebé, porque sostenía que era de mala suerte...), María Josefa, Casilda, Inés, Valentina, Jimena o Fernanda. Si Dios le mandaba un hombrecito, se llamaría: Manuel, como su bisabuelo, abuelo y su padre. Sin embargo, todavía existían algunas dudas a este respecto, pues Josefa pensaba que era cursísimo y que ya no se usaba. En el caso que se cambiara de idea, los nombres para el niño eran: Diego, Tomás, Sebastián o Santiago.

La futura abuela estaba también atareadísima organizando un *baby shower*. Por las mañanas, le llamaba muy temprano a la secretaria de su marido para que confirmara por teléfono la asistencia de 150 amigas, entre las que también estaban incluidas las cuñadas y primas de Josefa. A las invitadas se les pedía traer cualquier regalo de color blanco, de preferencia ropita para el bebé. Su consuegra, doña Amalia de Girón, se comprometió muy formalmente a llevar la merienda. "¡Ay Josefa, dile a tu mami que con mucho gusto, yo contribuyo con la merienda. La cocinera va a hacer para 200 personas. Es preferible que sobre y no que falte. ¿Qué te parece el menú? *Mousse* de camarones, crepas de flor de calabaza, ensaladas, las roscas de merengue con crema chantilly y fresas, además de las pastitas. Dile a tu mami, que si quiere que también me encargue de las flores, que ¡encantada! Que puedo encargarlas al mercado de Monte Athos. Allí la marchanta doña Sarita, me conoce hace años y sabe muy bien cuál es mi gusto. Ya compré algunos juegos y cochinaditas que suelen repartirse en los *showers*. Dile a tu mami, que yo le hablo por teléfono y que no se preocupe de nada. Que naturalmente, puede contar con Jesús el chofer, para lo que se le ofrezca"., le había dicho su suegra a Josefa.

Doña Amalia era una mujer encantadora. Era una de las más activas damas del patronato El Mexicanito. Una madre inmejorable, que no pensaba más que en darles gusto a sus cuatro hijos.

Mientras tanto, Manuel Girón Jr., se la pasaba metido en sus oficinas de la Casa de Bolsa. Ultimamente casi no venía a comer a casa y algunas veces su secretaria avisaba que tampoco iría a cenar. Hacía una semana, que la bolsa caía a diario estrepitosamente. Cuando llegaba, tardísimo, estaba retraído. Por más que le explicaba a Josefa que su estado de ánimo se debía a las tensiones por el desplome de la bolsa, su mujer se lo atribuía a un súbito rechazo a la responsabilidad de ser padre y al hecho de verla tan gorda. "Lo que pasa es que ya no me quieres como antes", le reprochaba cada vez que hablaba Manolo para avisar que no vendría a comer a casa. Josefa no entendía por qué su marido se veía angustiado, pálido, inapetente, irritable y totalmente absorto en sus preocupaciones. "Manolo ya no es como antes, mamá. Es un egoísta. Lo único que le interesa es la cochina bolsa. El otro día me gritó horrible y me dijo que era una ridícula en preocuparme en 'pendejadas', como si el moisés del bebé debería de ir en piqué blanco, o en tela de cuadritos. Ay, mami, está muy raro. Ya no sé ni qué pensar", se quejaba la pobre de Josefa amargamente.

Pero Manolo no le comunicaba a Josefa las verdaderas razones de su estado anímico, porque no quería preocuparla y porque difícilmente entendería que el índice de cotizaciones se había hecho polvo al caer. Tampoco le sería fácil comprender que las acciones de Kimberley Clark y de Aurrerá perdían puntos cada minuto, y que él no alcanzaba a deshacerse de los paquetes que había acumulado para sus clientes. Y lo que es peor, no podría explicarle que había tomado en préstamo —sólo eso, en préstamo— cantidades que su clientela le había entregado para hacer sus propias compras y ventas y así aumentar sus ganancias. ¿De dónde, si no, creería ella que estaba saliendo todo el dinero que gastaban? ¿A poco creía que nada más de su sueldo y de sus comisiones? Tampoco podía decirle que cada vez era más difícil esconderle la verdad a sus clientes, especialmente a los muy conservadores, que preferían invertir en renta fija, pero estaban encantados con los altos rendimientos que recibían como resultado de su habilidad, la suya, no la de ellos que nada sabían del mercado, para adquirir las acciones que estaban subiendo bien, hasta que empezaron a venirse abajo, hasta que incluso muchas de las inversiones iniciales se perdieron y ya no era posible reembolsarlas de inmediato a las señoras histéricas y a los jubilados miedosos que ahora estaban enojándose cada vez más con él, olvidándose que en los meses anteriores los había hecho ricos en un dos por tres.

Las cifras y las imágenes se le juntaban en la boca del estómago. No podía dormir. Con las cobijas sobre la cabeza, se acordaba de su clientela, de sus reclamos, de sus apremios.

Por eso aquella noche, mientras se encontraba sumido en estas preocupaciones aunque fuera domingo, cuando escuchó a su mujer preguntarle cómo sería mejor forrar el moisés, le gritó que era el colmo que estuviera pensando en esas pendejadas. Después, naturalmente, se sintió culpable, se arrepintió y le pidió mil disculpas a Josefa. "Perdóname, gordita, es que estoy muy cansado. Hoy tuve cuatro juntas con el director y el subdirector. No me lo tomes a mal. Yo creo que lo mejor es forrar el moisés en piqué blanco. Me parece más alegre", le dijo, por decirle algo, por no dejar, por quitarle esa carita de tristeza que tenía la pobre de Josefa, la madre de su futuro hijo. Pobrecita de verdad, porque no entendía el desplome moral de su marido. "Está bien, te perdono. Pero por favor ya no te preocupes tanto por la bolsa. Lo importante ahorita somos nosotros tres. Ahora ya tienes una familia. ¡Ay, Manolo, somos tan afortunados. Dios nos ha dado tantas cosas buenas! ¿Cómo no las vamos a aprovechar? Te juro que a veces creo que ya no me quieres. Es que ando yo también muy nerviosa y susceptible. Perdóname tú también por ser tan molona. Oye, fíjate que necesito más dinero para comprar unas sabanitas pre-cio-sas. ¿Sabes que estoy feliz, porque ya decidí que voy a amamantar al *baby* tres meses completitos. ¿Tú crees que se me amuelen mucho mis bubis? Ay, fíjate que el otro día, vi un Snoopy de peluche increíble. ¿Se lo compramos al heredero para su cuarto? Te quiero mucho, Manolo. Por favor cuando estés preocupado, piensa en eso. Vas a ver cómo todo se va a resolver. Ya no te preocupes. Hasta mañana y sueña con los angelitos."

Esa noche los dos se durmieron muy abrazaditos. Seguramente el bebé sintió como nunca el calor de papá y mamá. Al otro día, se despertarían los tres, metidos en un lunes de color negro. El peor día de la Bolsa Mexicana.

El nacimiento

El 22 de noviembre, a las 10:45 de la noche, Josefa empezó a sentir las primeras contracciones. Acostada en su cama, de pronto, su vientre se puso duro y picudo como una roca. "Ahora sí, ya empezaron de verdad", se dijo en tanto que se ponía la mano sobre aquel bulto endurecido. "¡Manolo, Manolo, con ésta ya llevo tres contracciones. Creo que ahora sí nace esta noche", le dijo a su marido, que estaba a punto de entrar a la primera etapa de su sueño. "¡Ay, Josefa!, ¿estás segura? Lo mismo me dijiste el sábado y el lunes. ¿Por qué no le hablas al doctor y le preguntas qué hacer?", le sugirió con voz pastosa su marido, quien esa noche se sentía particularmente cansado. Durante toda la tarde había tenido juntas interminables con el director de la Casa de Bolsa. "Ahora sí te lo juro, Manolo. Por favor, créeme. Ahorita tengo otra contracción. Tenemos que apuntarlas. ¡Ay, ándale, porfa! Vamos a apuntarlas y luego le hablo al doctor, ¿okey?"

Prendieron la lámpara del buró y sentados en la cama, los dos observaban el segundero del reloj que estaba en una de las mesitas de noche. Sosteniendo el papel en la mano, Manuel apuntaba las contracciones con su pluma Mont Blanc. "¡Ay, ahorita, ahorita tengo otra! A ver cuánto dura. ¿Ya apuntaste cuánto duró el intervalo entre ésta y la última?" Josefa comenzaba a ponerse nerviosa. De repente confundía el momento de la relajación con el de la respiración. Se veía pálida. Estaba asustada. Manuel, más blanco que su mujer, no sabía bien a bien qué hacer. "Al ratito llamas a Raquel, la instructora, para que se vaya al hospital. No se te olvide que tenemos que pagarle al otro día. Entonces por favor llevas *cash*. Dice que le han regresado un chorro de cheques. ¡Ay, ay, tengo otra contracción! Apunta, *please*". Manuel apuntaba cuidadosamente: "Doce contracciones espaciadas entre 8 y 10 minutos". A un lado de la cama se veía la cuna lista. Toda vestida de organdí encañonado por todo el borde, parecía una de las ilustraciones que aparecen en los libros de cuentos de hadas. En el centro tenía metros y metros de un espléndido listón de seda de color azul claro que sostenía una preciosa cruz de marfil, como buen augurio, que les había regalado la abuelita de Josefa. En el interior, había una cobijita blanca, tejida por doña Amalia. La sabanita había sido toda bordada por manos españolas. Un cojincito como de casa de muñecas, lucía almidonado y con el mismo bordado que la sábana. A los pies, estaba sentado un osito blanco de peluche, que le había regalado Ceci, la íntima amiga de Josefa, elegida como la madrina.

A pesar de las contracciones, ahora cada vez más seguidas, Josefa platicaba con Manuel, como si en esos momentos aprovechara toda la atención que su marido no le había dado en las últimas semanas. "Fíjate que dentro del paquete del Hospital Inglés está incluida una cena de cortesía que le sirven a los papás un día antes de salir. ¡Qué lindos!, ¿no? Fíjate, en una mesita con flores y velas, te llevan una botella de champagne Chambrulé. El menú es: coctel de frutas, filete con verduras, pastel y café. Esa será, Manolo, nuestra última cena *tête à tête*. ¡Ay, ay, ay, tengo otra contracción super fuerte! ¡Ay, apunta!, porfis". Manolo escribía sintiendo él mismo aquella punzada horrible. La tomaba de la mano, mientras la miraba con admiración. "¡Híjole, qué valiente es! ¡Cómo la quiero! Ahora la querré más porque será la madre de mi hijo." Sobre la cama en completo desorden, se veía una pequeña maleta de Louis Vuitton donde estaban guardados cuatro camisones de tira bordada y una bata de piqué blanco; a un lado, estaba el secador, muchos pomitos de cremas, champús, tubos eléctricos, un ejemplar de la revista ¡*Hola*!, otro del *Vogue* (americano) y dos libros: *La insoportable levedad del ser*, y *Tu hijo*.

A la mañana siguiente, sobre la puerta del cuarto 110 del Hospital Inglés, aparecía un moño azul claro. En el interior del cuarto se oía una voz animada. Era de Josefa, quien sostenía a su hijo Manolito entre los brazos. Enfundada en su camisón cubierto de listones, parecía adolescente jugando todavía a las muñecas. Al lado de la cama, estaba la joven enfermera que esperaba al bebé para llevárselo a la cuna. A pesar de que Manolo estaba feliz con el nacimiento de Manuel III, su rostro mostraba una expresión preocupada. Sentada en el sillón, estaba doña Amalia, vestida justo para la ocasión con un traje sastre azul marino. En la solapa izquierda llevaba un prendedor de brillantes, que la enfermera no podía dejar de admirar. Sobre el buró y la mesita de la televisión, se veían cajas de chocolates y de galletas de

La Marquesa. Sobre el suelo, contra la pared, estaban algunas canastas de frutas y arreglos florales.

Los papás de Josefa habían bajado a comer a la cafetería. Estaban encantados y muy satisfechos con su nuevo nieto. "Gracias a Dios todo salió bien. Ahora los muchachos serán todavía más felices con su Manolito", decía la abuela mientras comía unos macarrones mal hechos y tibios.

Mientras Josefa se encontraba en la sala de recuperación, su mami había ido al cuarto 110 y había quitado la colcha de la cama. Con todo cuidado, sacó de una petaquita, un par de sábanas de puro lino bordadas con las iniciales de Josefita, una colcha de piqué blanco con tira bordada y muchos cojincitos bordados y con encajes. Tal y como había aprendido en el colegio de monjas de Canadá, tendió la cama sin dejar ninguna arruguita, metiendo los bordes de las sábanas, perfectamente bajo el colchón. Cubierta con la nueva colcha, la cama anodina del hospital, parecía salida de las revistas de *House and Garden*. Sentada sobre la cama y en medio de tantas almohadas, Josefa como aquellas princesas que salen en la revista ¡*Hola*! cuando acaban de dar a luz. "¡Ay señora, se lo juro que por más que traté no aguanté los dolores, por eso pedí que me bloquearan. La instructora hizo todo lo posible, pero pues no se pudo. ¡Qué lástima!, ¿no? Bueno, pero lo principal es que Manuelito III, esté sanito y tenga sus 20 deditos. ¡Ay, verdad que está lindo! Su signo es Escorpión. ¿Sabe, señora, que dice el pediatra, que es el niño más bonito de la cuna? Yo creo que va a tener los ojos azules. ¿Ya vio lo güerito que está? ¿Verdad, Manuel, que me contaste que en la cuna había unos bebés prietitos que hasta parecen pasitas? ¡Ay señora, qué linda de traerme el collar de perlas! Muchas gracias. Está precioso. Me lo voy a poner para el bautizo". Todo esto le decía Josefa a su suegra sintiéndose segura y cada vez más integrada a la honorable familia Girón. ¿Cómo no iba a estarlo? Si acababa de darles un nieto pre-cio-so, sano, güerito, de facciones finísimas, sin pelo en las mejillas y sin deformaciones de ninguna clase? Ahora Josefa de Girón era la madre de Manuel Girón III.

Por la tarde y después que se fueron Manuel y su mamá, Josefa tuvo muchas visitas. A sus amigas, cinco, seis, siete veces les platicó la experiencia del bloqueo. Cada vez de un modo diferente, pero siempre lamentándose de no haber participado naturalmente en el nacimiento de su hijo. "Tener un hijo es lo máximo. Verlo nacer con tus ojos, es algo que no les puedo explicar, pero lo único que les puedo decir que es lo más maravilloso que me ha sucedido en la vida. ¡Se los juro!", les contaba con lágrimas en los ojos. Las amigas solteras la escuchaban con envidia, las casadas, con solidaridad. "¡Ay sí, es padrísima la maternidad!", opinaban entre ellas.

A las siete y media una de las *"pink ladies"*, (señora voluntaria de nacionalidad americana que trabajaba en el hospital), vino a preguntarle qué deseaba comer para el otro día: ¿pollo, pescado o filete? Después de muchos minutos de pensarlo, se decidio por el filete.

A las ocho le subieron la cena: caldo de pollo, gelatina, Sidral y dos rebanadas de pan tostado. Todavía a esas horas estaban con ella dos amigas con las que no dejaba de platicar acerca del cuarto del bebé y de los regalos que había recibido.

Casi no probó bocado, y a ratos se perdía en la conversación. Desde el medio día no sabía nada de Manuel. No estuvo en su oficina las tres veces que lo buscó en la tarde, y no había dejado recado para ella. ¡Era el colmo de la irresponsabilidad! Seguramente estaba de parranda con sus amigos para festejar el nacimiento de Manolito, en vez de estar a su lado. Ni siquiera se había reportado. Y en la oficina todos parecían deseosos de salir cuanto antes y apenas le daban información.

Se tranquilizó un poco al quedarse sola con su madre y porque la somnolencia estaba venciéndola. Pero a las diez y media, estaba otra vez bien despierta, esperando a Manolo. Automáticamente prendio la televisión, como lo hacía a diario para ver el noticiero. En la pantalla apareció como de costumbre el rostro entre impasible y burlón de Jacobo Zabludowsky. Vestido con un saco de mascota y corbata guinda, el locutor saludó al auditorio y alzando la voz anunció: "Esta noche, la Procuraduría General de la República aprehendió al Sr. Edgardo Zabaleta, presidente y director general de la Casa de Bolsa Sabursa. El procurador Enrique Alvarez del Castillo precisó que a solicitud de la Secretaría de Hacienda está realizando una averiguación previa relacionada con las muchas denuncias del público afectado por el *crack* bursátil y, como consecuencia de ello, el Sr. Zabaleta rinde en estos momentos su declaración en los separos de la Policía Judicial Federal. Con el Sr. Zabaleta, fueron también detenidos los señores Jorge Suárez, Carlos Ceballos y Manuel Girón del Valle, funcionarios de dicha Casa de Bolsa. Nuestro reportero Guillermo Pérez Verduzco está en la calle de López, desde donde tendremos información en vivo, y en el estudio estará el procurador Alvarez del Castillo para explicar este paso trascendental en la historia de la justicia mexicana. Después de estos mensajes, volveré con más información..."

Josefa ya no oyó la invitación a hacer la prueba del añejo. Solamente se escuchó a sí misma exclamar con toda su angustia: "¡Ay, mamacita!"

Perdonen la tristeza

Me pregunto hasta cuándo terminaré este suéter, si no tengo suficiente estambre, ni las instrucciones de la maestra Carmelita. ¿Cómo saber cuántos puntos hay que quitarle a la manga? Y tan bien que lo había anotado en mi cuaderno amarillo de tejido. Dios mío, ¿dónde estará esa libreta? Nada más de pensar en el estado en que quedó el departamento, se me enchina la piel. Ya van tres veces que deshago esta manga mugrosa, y nomás no le atino. Si le disminuyo a cada vuelta cuatro puntos, me queda como fruncida. Si nada más le quito dos, me parece demasiado ancha para que embone con la sisa. Y para colmo, sin estambre. Ni modo de correr al Palacio de Hierro para comprar más. Ayer me enteré por la televisión que prácticamente toda la colonia Condesa está acordonada. Lolita Ayala dijo que El Palacio de Hierro estaba vigilado por los del ejército día y noche, para evitar que entren a robar. Me acuerdo perfectamente de la vitrina donde guardan el estambre importado. Por la entrada que da a Durango, está a un lado de las máquinas de tejer, allí muy cerquita donde nos ponemos las de la clase de tejido de los jueves. Estoy viendo las madejas muy ordenaditas, una después de la otra, sujetadas con su anillo de papel donde dice: "cien por ciento alpaca". ¡Santo Dios!, ¿cómo estará la maestra Carmelita? ¡Cómo nunca se me ocurrió preguntarle el teléfono de su casa! Recuerdo que un día nos comentó que vivía hasta la calzada de Camarones. ¡Ah, qué carambas, creo que ya me volví a equivocar!: revés, derecho, revés, derecho...

"¡Ay, señorita, la alpaca es lo más difícil de tejer", me dijo la maestra Carmelita cuando le enseñé orgullosísima todas mis bolas de estambre. "Es que me gustó porque parece cachemira. Mire qué suavecita se siente", recuerdo que le dije. ¡Cuánta razón tenía!, uno teje y teje y parece que no se avanza nada. ¡Qué curioso!, porque ella, cada vez que tomaba mi tejido, me aventajaba una barbaridad. ¡Lo que es la experiencia! Recuerdo que se llevó la espalda de mi suéter guinda, para corregirle los miles de puntos que se me habían ido. Cuando a la siguiente clase me lo llevó, era increíble ver la diferencia de tejido entre el suyo y el mío. Parecía hecho por manos de ángeles. Hasta se lo dije y nada más me sonrió. ¡Ay, maestra Carmelita, ¿dónde está usted para preguntarle si ahorita tengo que aumentar o disminuir puntos? Revés, derecho, revés, derecho...

Tejer es lo único que me distrae en estos momentos. Me ayuda a no pensar en cosas tristes. Desde el temblor, no dejo de tejer todo el tiempo. Si me lo propongo, puedo poner mi mente en blanco, como para no acordarme de nada, como para olvidarme de que existo, olvidarme de que estoy en este albergue, recostada en este colchón. Así, con la mente en blanco, soy capaz de olvidarme de mi tristeza. ¡Qué barbaridad!, otra vez, se me volvió a hacer un nudito en el estambre. ¡Es que es tan finito! Además, de tanto que he destejido esta manga, se ha ido adelgazando cada vez más. Me pregunto qué pensarán de mí los del albergue, de verme tejer y destejer, tejer y destejer. Como no hablo con nadie, pues dirán que estoy chiflada. Me he fijado que cuando pasan frente a mí, se me quedan viendo como bicho raro. Yo ni los miro, a pesar de que algunos quieren platicar conmigo. Hago como que no los veo y continúo con mi tejido, con tal seridad, que no se atreven a insistir. En realidad lo que me pasa es que estoy demasiado triste, y por eso no me atrevo ni a mirarlos, ni mucho menos a hablarles. Hasta me dan ganas de decirles: "perdonen la tristeza". Pero no me atrevo, porque por esas cosas, uno no pide perdón. Bueno, a la mejor lo entenderían, porque siento que muchos de los que están aquí, también están sumamente tristes.

Sobre todo los que perdieron a sus familiares. A lo mejor, muchos de los que están aquí se imaginan eso, que yo también estoy padeciendo por mis muertos. ¡Qué vergüenza, Dios mío! Si supieran que la razón de mi tristeza se debe al temor de quedarme sin estambre y no saber cómo continuar con la manga de mi suéter. ¡Cuánto egoísmo, Dios mío! En realidad, les debería decir: "Sí, perdonen, perdonen la tristeza que no me permite conmoverme ni compartir la suya. Perdónenme por ser tan mezquina e insensible". ¡Qué curioso!, desde que era chiquita, me enseñaron a pedir perdón por todo. Tanto me inculcaron este sentimiento, que incluso cuando me siento contenta, creo que debo pedir disculpas: "Hay que saber pedir perdón con humildad", era la máxima de mi madre. Me acuerdo, que se pasaba el día disculpándose con todo el mundo. ¡Cuántas veces no nos repetía a mi hermano y a mí aquello de: "¡Qué grande es el valor de la humildad!". Cuando a veces la acompañaba a casa de sus amigas, durante el trayecto en el coche, me hacía recomendaciones: "Una niña bien educada, siempre debe pedir perdón antes de atreverse a dar su opinión, sobre todo entre adultos". Durante mi infancia, me la pasé pidiéndole perdón por cosas sin la menor importancia: "Perdóname, mamita, por no haberme terminado mi huevo". "Discúlpame, por haberte despertado tan temprano". "Te pido perdón, por hacerte desatinar". "Quiero que me perdones por pelearme con mi hermanito". "¿Si te pido perdón, no me acusas con mi papá?". "Ya le pedí perdón a la muchacha por haber hecho desorden en mi cuarto".

Por las noches, no me podía dormir sin decir: "Perdóname, Dios mío, si acaso te ofendí el día de hoy. Perdóname si no supe agradecerte todo lo bueno que me has dado y que no merezco". Y ahora en este albergue lo que le digo es: "Perdóname, Dios mío, por estar viva, habiendo tantos muertos. Perdóname, por tener ganas de morirme. Perdóname por sentir tanta tristeza inútil, sin poder compartirla con nadie, sin permitir que nadie me consuele. Perdóname por mi orgullo, por tener una vida tan estéril, tan sola, y tan seca. Perdóname, por estar aquí en este albergue tejiendo y destejiendo una manga". Revés, derecho, revés, derecho...

Lo curioso es que también en el colegio, tenía que pedir perdón a las monjas y a las compañeras. Recuerdo que un día me di un agarrón con Sara de Teresa. Como castigo me dejaron escribir diez planas de: "Esfuérzate, si es preciso, en perdonar siempre a quienes te ofendan, desde el primer instante, ya que por grande que es el perjuicio o la ofensa que te hagan, más te ha perdonado Dios a ti".

La que me debería perdonar en estos momentos, es la maestra Carmelita por no saber a estas alturas cuántos puntos debo quitarle a la manga. Es que si supiera, desde cuándo la hubiera terminado. Pero, ¿sabe qué, maestra?, que no la quiero terminar, porque después no tendré más estambre. Y sin mover mis dedos ahorita, acabaría por morirme de tristeza. Por eso, maestra, tejo y destejo. ¿Sabía usted que no hay nada más fácil que destejer lo tejido? Eso sí sé hacer a las mil maravillas, y sin equivocarme. Además, fíjese, maestra, me divierte ver el estambre onduladito, onduladito. ¿Sabe qué? Me recuerda la peluca de una de las muñecas de porcelana que tenía mi mamá, guardadas en unas cajas grandísimas y que ponía hasta arriba de su armario. "Antes, en Guadalajara, a las niñas muertas, las enterraban junto con sus muñecas. Luego se las robaban y las vendían a los anticuarios", me contaba.

Cuando mi mamá se quedó sola, las sacó y las puso en la sala de su casa. Una tarde que fui a visitarla, las vi a todas muy sentaditas sobre el sillón, como si fueran visitas. Unas, me acuerdo, no tenían ojos, parecían cieguitas; otras estaban completamente pelonas. "Me hacen compañía", nos dijo a mi hermano y a mí. En una ocasión que se quejaba porque no tenía dinero, le propuse que vendiera alguna de sus muñecas de porcelana: "No estoy loca", me dijo furiosa, "de esas muñecas no me separaré nunca. Si pudiera me las llevaría hasta mi tumba. A mí no me las robarían, porque nadie sabría que están enterradas conmigo. Ni creas que te las voy a heredar, si ni hijas tienes. ¿Para qué las quieres tú, para venderlas? Jamás me separaré de ellas. Primero muerta", me decía. Y eso fue lo que sucedió, se murió y tuvimos que vender sus muñecas, para pagar los gastos de su entierro. Gracias a sus muñecas, mi mamá tuvo una sepultura decente. Pobrecita, jamás se enteró. Perdóname, mamá, por haber vendido lo que más querías: tus estúpidas muñecas de porcelana. Revés, derecho, revés, derecho...

Y pensar que quedaron seis madejas nuevecitas en el fondo de mi armario. ¡Tan cara que me salió esta lana! "Es que es importada de Uruguay", me dijo la empleada. Aunque yo sabía que era de Perú, no quise contradecirla. Había tres colores: beige, azul marino y vicuña. Escogí el vicuña, porque va con todo, y no se ensucia tanto como el beige. El azul me pareció muy triste.

Cuando permitan subir a los departamentos, la primera cosa que haré es ir derechito al armario de mi recámara y buscar mis madejas. ¡Ay, Dios mío, espero que no me las hayan robado! Como luego luego se ven de importación, se antojan más. Me pregunto, si los soldados que cuidan los edificios, no entran en los departamentos. Si es así, ya me amolé. Gracias a Dios, se me ocurrió esconder las madejas entre las sábanas y fundas limpias. Las metí en una bolsa de Aurrerá, para quitarles importancia. En realidad, nunca le tuve confianza a Asunción la criada. No se me quita de la cabeza que ella fue la que se llevó mi fondo entero. ¡Qué casualidad, que a la semana que entró, hubiera desaparecido! ¡Qué bueno que se fue para su pueblo, después del temblor! Nada más oyó lo del albergue y a fuerzas quería venirse con todo y el niño. A Dios gracias, la convencí para que se fuera a su pueblo. ¡Qué complicación hubiera sido alojarnos en el mismo albergue. Aquí delante de todo el mundo, no hubiera podido darle órdenes. Además, le hubiera tenido que pagar por hacer nada. ¡Pobres muchachas que se llenan de hijos sin padre! ¡Ay ese Juanito, era la piel de Judas! ¡Cómo me ponía nerviosa! "Juanito deja eso, Juanito, no toques el piano. Niño, no estés jugando con los ceniceros. Juanito, no pongas las manos sucias sobre la pared. Deja los botones de la televisión en paz". Todo el día, me la pasaba así, detrás de ese niño. ¡Ah, qué caramba, ya se me salió otro punto! Bueno, a ver si a la siguiente vuelta lo pesco. El caso es que después de regañar tanto al escuincle, acababa por pedirle perdón a Asunción y por darle consejos. "Deberías de educar mejor a tu hijo. Enséñalo a obedecer y a respetar a los mayores. Si quieres que sea un hombre de bien, tiene que aprender que en la vida hay límites. Perdóname por regañarlo, si lo hago es por su bien", le decía del mejor modo posible. Pero yo creo que le entraba por un oído y le salía por el otro. Todas son iguales, además de ignorantes y malagradecidas, peladas. Revés, derecho, revés, derecho...

"Le prometo que regreso, señorita", me dijo la muy mustia. Pero seguro ya se largó. Saliendo de aquí voy a buscar otra. Claro que si Asunción regresa, pues a lo mejor la vuelvo a tomar, porque como sea ya le conozco el modo. Quizá hasta me anime a hacerle un suetercito al muchacho. Creo que todavía tengo por allí un poco de estambre Tamm, que me sobró de una bufanda guinda. Ay, Dios mío, ¿hasta cuándo voy a terminar este suéter, si ya no tengo estambre? ¡Cómo no se me ocurrió traerme las demás madejas! ¡Qué estúpida! Si tan sólo me hubiera traído la bolsa de plástico, con el resto del tejido, por lo menos podría medir esta manga con la otra y no estaría sufriendo tanto. Bueno, de nada sirve quejarse. Siquiera me traje esta manga. No hay duda de que Dios es muy grande, si no hubiera estado tejiendo en el preciso momento del temblor, no sé qué sería de mí en este albergue tan horrible, tan frío, tan inhóspito. Como de costumbre, ese día me desperté antes de las siete. Prendí la televisión y me puse a tejer. De pronto, oí que dijo Lourdes Guerrero: "No se asusten...está...temblando un poquito". Estaba tan sumida en mi tejido, que no le di importancia. Creo que estaba contando los puntos. Pero en seguida, sentí que la cama daba un jalonazo para un lado. Entonces comencé: "¡Asunción, Asunción!". De repente la vi aparecer en la puerta de mi recámara, con el escuincle en los brazos. Estaba toda mechuda, y con el fondo todo arrugado. Yo hasta pensé que era el mío, el que nunca apareció. Pero no, no era, el de Asunción era realmente de un poliéster muy corriente. Juanito llevaba la piyamita que le había comprado en El Palacio de Hierro. "¡Ay señorita, nos vamos a morir!", me dijo abriendo sus ojotes. "¡No seas tonta, no nos vamos a morir por un temblor. Dame mi bata y vámonos para la calle", le respondí. En esos instantes vi que esa estúpida corría hacia afuera, dejándome completamente sola. Quise buscar mi bata, pero empecé a sentir muchísimo miedo. Las puertas del departamento se abrían y se cerraban. El armario parecía que se me venía encima. Entonces, nada más cogí mi tejido y bajé por las escaleras como pude, en camisón. Mientras bajaba, apretaba mi tejido con todas mis fuerzas, como queriéndome sujetar de la manga. De tanto que apreté el tejido, todavía tengo las marcas de las agujas en el estómago. Cuando llegué hasta la calle, me di cuenta que la bola de estambre se había quedado atorada en algún piso, pues llevaba arrastrando del tejido, una hebra larguísima. Era curioso verla salir del edificio en medio de ese caos de polvo, basura y vidrios rotos. "La bola, mi bola de estambre se quedó en mi departamento", comencé a gritar como loquita. Pero nadie me hacía caso. Asunción estaba a mi lado, con la mirada perdida. Su niño no dejaba de llorar. "Asunción, ve a buscar la madeja que se quedó en el departamento", le pedí de favor. Se me quedó viendo como ida. Se lo volví a pedir; entonces, me dio al niño y se fue como una sonámbula hacia el edificio. Me acuerdo que el niño olía a orines y a leche cortada. "Mamá, mamá, empezó a gritar. Por más que lo calmaba, no me hacía caso. En esos momentos, se me acercó la del 8 y me insultó: "Oiga, no sea usted inhumana. ¿Cómo manda a esa pobre muchacha dentro del edificio que puede caerse? A ver, ¿por qué no fue usted?" "Vieja metiche, ¿y a usted qué le importa?", le contesté furiosa. En esos momentos, vi aparecer al muchacho de la portera con la criada en los brazos. Del puro susto, se había desmayado en el primer piso. Entonces todo el mundo se me echó encima. "Por su culpa, por su culpa", me gritaban, empujándome. El niño no dejaba de llorar. Uno de los vecinos se fue corriendo a la farmacia para buscar un poco de alcohol. Mientras tanto, todos la rodeaban y a mí ya ni me hacían caso. Por eso decidí, en medio de la confusión, pedirle al mismo muchacho de la portera, que me acompañara a buscar mi bata y mi bola de estambre. De todos, era el que parecía más tranquilo. Cuando casi estábamos llegando al primer piso, sentimos que el edificio se tambaleaba. "¡Ay, señorita, mejor vámonos!", dijo, a la vez que estiraba sus brazos para ayudarme. Mientras bajaba rapidísimamente las escaleras, veía la hebra del estambre a todo lo largo de los escalones. Por más que abría bien los ojos para buscar la madeja, no vi nada. Cuando llegamos a la calle, algunos vecinos aplaudieron. El muchacho estaba orgullosísimo, pero en esos momentos, se dejó venir su mamá y me dijo que era una vieja loca, irresponsable, que había expuesto la vida de su hijo. De nuevo todos se me echaron encima. Estaba yo a punto de explotar, quería llorar, cuando de repente me di cuenta de que de mi tejido colgaba una hebrita ridícula: la lana se había roto. Primero, sentí muchísima rabia, y luego una infinita tristeza por sentirme tan impotente y tan sola. Comencé a llorar muchísimo, a decir: "Se me rompió la hebra. Ya me quedé sin estambre. ¿Dónde está la madeja? Esa bola estaba nuevecita. Algún maloso me la arrancó, para que no siguiera tejiendo. Ayúdenme por favor a recuperar mi bola". Lloraba y lloraba como una niña desamparada. Revés, derecho, revés, derecho...

¡Qué horror, todo fue como una pesadilla! Cada vez que me acuerdo, siento que toda mi tristeza va a explotar dentro de mí. Por eso mejor ya ni pienso en esas cosas. Revés, derecho, revés, derecho...

¡Ah, cómo extraño mi departamento, mi cama, mis almohadas, mi televisión, mis discos. Extraño la tranquilidad de mi cuarto, mi rutina, mis clases de tejido. Extraño mis libros de poesía. Hasta a la criada y a su muchachito, los extraño. Extraño a mi madre, que murió sin saber quién era, ni quién era yo, ni mi hermano. Sin saber por qué su marido la engañaba con la secretaria. Revés, derecho, revés, derecho...

Dentro de muy poco tiempo se me acabará la lana. Tendré entonces que volver a deshacer la manga. Tengo la impresión de que aprendí a tejer demasiado tarde. Tuvieron que pasar cerca de 58 años, para saber que el punto de jersey es una vuelta derecho, una vuelta revés; que el punto espuma, siempre es derecho y que el punto arroz es un derecho y un revés, a la inversa de como venga. Lo único que todavía no he podido aprender es cuántos puntos se le quita o se le agrega a la manga. Revés, derecho, revés, derecho...

¿Por qué nunca me enseñaste a tejer, mamá? Porque nunca me tuviste paciencia, ¿verdad? Porque estabas demasiado ocupada tejiendo la vida de los demás. ¿No es cierto? Porque no tenías tiempo, por estar tejiendo tus propias ilusiones. ¡Lástima que la vida te los destejió enseguida! Así, igualito a como estoy yo destejiendo y tejiendo la manga de mi suéter de alpaca. Quizá, sin darte cuenta, tú también te pasaste la vida, tejiendo y destejiendo la vida de tu marido, de tu hijo y la mía propia. Revés, derecho, revés, derecho...

Perdóname, mamá, por tenerte tanto resentimiento, por no haber sentido nunca tu cariño, ni la ternura que siempre te negaste a darnos. Si pudieras verme en estos momentos, acostada en este colchón sobre el suelo, vieja, solterona, completamente sola, sin saber qué será del departamento que me heredaste con tantos sacrificios, convertida en una triste damnificada del temblor del 19 de septiembre de 1985. Estoy segura que no me lo perdonarías jamás. Tú que odiabas a los fracasados. Por eso, en el fondo odiabas a mi padre, porque lo veías como a un fracasado, ¿verdad? Revés, derecho, revés, derecho...

¿Sabes qué estoy pensando, mamá? Que te moriste sin que te hubiéramos perdonado. Pero lo que es peor, sin que tú misma te hubieras perdonado. Podría jurar que te moriste con mucha culpa. La mismísima que trataste de tapar toda tu vida, que mejor nos la echabas, para no sentirla. ¿Verdad? Creéme que muchas veces traté de reparar lo que destejías entre las dos. Pero siempre fue inútil. ¡Cuántas veces no intenté acercarme para decirte: "mamá, te quiero mucho", pero nunca pude, porque nunca lo permitiste. Tu mirada me helaba, tu personalidad me imponía. Un día, hace muchos años, me acuerdo que estábamos las dos solas en la sala de la casa. De pronto, no se por qué, te descubrí una mirada de infinita ternura, te sentí triste. Sí, sí me acuerdo que me miraste con tristeza, como si hubieras querido decirme algo. "Este es el momento, éste es el momento", me dije sintiendo mi corazón latir muy fuerte. Quise entonces levantarme de mi silla, acercarme a ti y darte un beso. Estaba a punto de hacerlo, cuando de repente, cambiaste de mirada, me viste con la misma dureza de siempre y no pude. Me sentí paralizada. No, no pude. ¿Y sabes qué? Me odié por cobarde, me sentí culpable por mi debilidad. Pero también te odié a ti, porque estoy segura que sentiste que me iba a parar a darte un beso, y lo impediste. Te asustaste, me congelaste, me detuviste con esa mirada. No me diste oportunidad, mamá. Preferiste matar ese momento de ternura. ¿Qué hubiera pasado si te hubieras dejado, si hubieras permitido ese beso? ¿Lo hubieras podido soportar? O acaso te moriste odiándome, por nunca haberlo hecho. Dime que tú también tenías deseos de acercarte a mí. Mamá, nunca nos abrazamos. ¿Por qué? ¿Te lo impedía yo? ¿Quién de las dos se rechazaba más?

Nunca podré perdonarte, porque ahora ya es demasiado tarde, ya no me puedo acercar a ti, ya no te puedo dar un beso, ni decirte que te quiero mucho. Ahora ya no se puede, ya te fuiste. No sé dónde estás, no te puedo imaginar en ninguna parte, y sin embargo, de alguna manera, sé que estás metida en este albergue. Tú también eres una damnificada de la vida. Ay, mamá, tú que sabías tejer tan bien, ¿cuántos puntos le debo de quitar a esta manga? Ves, ahora ya no me puedes decir. Ahora, ya no puedes hacer nada. Es demasiado tarde. Te odio, porque nunca me enseñaste a tejer. Siempre me dijiste que era muy torpe con las manos. Tenías razón, no soy buena para tejer. Perdóname, ¿no? Discúlpame porque siempre te decepcioné. Te pido perdón por sentir tanta tristeza. Es que me heredaste la tuya, y junto con la mía, no sé qué hacer con tanta.

¿Tú crees, mamá, que les debería de pedir a todos los albergados que me perdonen la tristeza. ¿Piensas que sería lo más educado y correcto?

Revés, derecho, revés, derecho... revés, derecho, revés, derecho, revés, derecho, revés, derecho...

Madame Pipí

——Andele, tómese sus Alka Seltzers, pa'que se le baje tantito. Allí en mi banco, a un lado de los lavabos, se puede quedar sentadita. Mientras se le pasa tantito, voy a lavar la taza del water. Porque luego, como que se impregna el olor a vómito. ¿Ya ve lo que le pasó por echarse sus copitas? No me lo tome a mal, pero lueguito que la vi entrar al baño, me dije: "Ay, Diosito, ¿qué le pasará a esta señora que viene tan pálida?". Es que venía usted bien blanca. Con decirle que creí que se me iba a desmayar. ¿Ya vio?, ni tiempo le dio de cerrar la puerta del water. Gracias a Dios que no había otras clientas. Porque, pues ya ve cómo son algunas damas de delicadas. Hay unas que se espantan de cualquier cosa. Sobre todo las encopetadas, ésas son las peores. Bueno, ni ruido hacen cuando hacen de la chis. Nomás se oye cuando jalan. Luego salen y dizque se lavan las manos, pero nomás se mojan la punta de sus deditos. Yo, por eso, ni ganas tengo de acercarles la toallita. Es que, señora, luego ni propina dejan esas viejas. Dónde que yo vivo de la pura propina. Por eso puse ese cartoncito que dice: "Su propina es mi sueldo". Bueno, ¿lo pasa usted a creer que encima de que no dejan nada, ni las gracias dan? Si yo me metí a cuidar baños, es por pura necesidá. Fíjese, yo fui 18 años costurera en una boutique. Pero poco a poco fui perdiendo la vista. Ya llevo aquí tres años. ¿Cómo se siente? ¿Quiere que le vaya a buscar un Tehuacán? ¿De veras? Aquí lueguito está la cocina y se lo pido. Ah, pues le decía, que el 18 de agosto, voy para tres años aquí. Los compañeros son buenas personas conmigo. No, yo no me quejo, lo que pasa es que a veces sí se me junta la chamba. Hay que limpiar todo el tiempo. Luego dejan las tazas bien sucias. No quiero ni decirle cuántas toallas sanitarias he tenido que sacar con mis propias manos. Es que la empresa no paga cuando se tapan los baños, porque dice el patrón que mi responsabilidad es cuidar que no se tapen. Pero no, no me quejo, porque hay días en que no me va tan mal; sobre todo los viernes, sábados y días de quincena. Entre semana no hay mucha gente, pero pus ai la voy llevando. Donde se me va mucho dinero es en los transportes. Vivo hasta San Bartolo Ameyalco y como a veces salgo después de las dos, pues nada más de puros taxis gasto más de diez mil pesos diarios. También se me va mucho dinero en todo lo que tengo que comprar para el servicio: que los klines, que la botellita de alcohol para las clientas tomadas. Ya ni le ofrecí, ¿verdad?, es que ya se me acabó. Fue con una que le tuve que dar unas buenas friegas porque parecía fuera de sí, de lo borracha que estaba. También tengo que comprar los Alka Seltzer, los chiclets, los maquillajes, aparte del spray y los kotes, que cada vez suben más. Antes ponía perfumitos, pero ya no. Un día, hasta traje uno que me regalaron, ése de Madame Rochas, pero se acabó enseguidita. Y cada vez que se ponían, nomás me dejaban cien pesos.

Oiga usted, todavía está re pálida. ¿No habrá sido por algo que comió? Se lo digo, porque luego en este restaurant no sirven las cosas tan frescas. Por Dios, como todo lo congelan porque lo compran por mayoreo, pus a veces cuando descongelan los alimentos, no están muy frescos. Es que la mera verdá, aquí el patrón es bien tacaño. Con tal de ahorrarse unos centavos, es capaz de servirles a sus clientes puras cosas podridas. ¿Sabe qué? Mejor le voy a buscar un vaso de leche, no vaya a ser la de malas que esté usté entosicada. Bueno, está bien, no me voy. ¿No quiere un chicle de menta, pa'que se le quite el mal sabor de boca? ¿De veras? Shsshs, creo que allí viene alguien, luego le seguimos con la plática. Voy a llevar la cubeta y el trapeador a la cocina, porque apesta.

¿Se fijó cómo se le quedó viendo esa señora? No, si le digo que hay gente mala en el mundo. En lugar de condolerse de usté, por su estado, nomás la miró, como juzgándola. ¿Se fijó cómo se subió la falda hasta arribota para arreglarse las medias? ¡Híjole!, es que a veces ve uno cada cosa en este oficio. Fíjese que una noche entró al baño un señor bien tomado. ¿Lo creerá que no se quería salir? "Es que a mí me gusta orinar como vieja", decía. ¡Uta!, ése estaba bien borracho. Hasta tuve que llamar al Capi, pa'que me ayudara a sacarlo. Armó un mitote terrible. Sus gritotes se oían hasta afuera. Y también la otra noche, se metió un joven. Ese no estaba ebrio. Lo que sucedió fue que uno de los clientes que estaba en el baño de hombres, quiso abusar de él. Jesús, uno de los meseros, dice que en el baño de hombres suceden cosas así todo el tiempo, bien raras... ¡Híjole, señora!, yo no sé cómo no se cuidan ahora con lo del Sida. Gracias a Dios que a las mujeres no nos pasan esas cosas, ¿verdá? Bueno, hay quien dice que a nosotras nos puede dar esa enfermedad. Dicen que si un hombre tiene Sida y luego se junta con usté, fácil la puede contagiar. Pinches hombres, nomás están allí de calientes y luego ni saben con quienes se acuestan. Pinches machos. ¿Y quién acaba pagando el pato? Pus la mujer.

Ay, señora, ¿qué le pasa? ¿Por qué está usté llorando? Mire nomás qué lagrimotas le están escurriendo. ¡Híjole, se le está corriendo todito el rímel, señora! Orita le doy tantita crema Nivea, pa'que se limpie. Pus, ¿qué le pasa, señora? Está usté bien triste, ¿verdá? ¿Qué, se pelió con el galán? ¿Quién tuvo la culpa, él o usté? ¿A poco le dijo que anda con otra? Pobrecita. Es que todos son iguales: muchas promesas, pero no cumplen. Así son. Resígnese, todos son iguales de sinvergüenzas. ¡Uta!, si supiera, por todo lo que yo he pasado. Por Dios que mi vida parece novela de ésas del radio. Por eso, ahora prefiero estar sola. Todos, todos sin ecepción, son la misma cosa. No vale la pena sufrir por ellos. No nos merecen, señora.

Si usté está re guapa. Con todo respeto, mándelo a la chingada. Si ve que está sufriendo por él, es pior. Nomás no le demuestre sus sentimientos. Así son todos. Nomás viera todo lo que oigo aquí entre las clientas. Muchas llegan llorando, asi como usté ahorita y dicen: "Es que ya nos separamos", "es que me enteré que estaba casado", "es que ya está con otra". Yo a veces trato de consolarlas. Las escucho y les doy consejos. Por Dios que a veces tengo hasta ganas de salir a reclamarles a esos machos. Pero dirán: "bueno y a esta vieja metiche, ¿qué mosca le picó?". Pa'mí que lo único que quieren es vernos sufrir. No se preocupe señora, el que se la pierde es él. Usté necesita un hombre que la quiera, que la respete, que la valore. Y mire, si le gusta otra vieja, mejor que se largue. Ahora sí que a fuerzas ni los zapatos entran. No está casada, ¿verdá? Bueno, pus déle gracias a Dios, que se dio cuenta a tiempo. Imagínese esta bronca con chamacos y vieja, como yo. No pus, cuándo iba a salir del atolladero. Orita usté está joven y guapa y fácil rehace su vida. Resígnese, pues, y trate de salir adelante sin él. Ya ve ahora la mujer ya puede trabajar en lo que quiere, ya se puede valer por ella misma. Vea a este Gortari, empezó su gobierno apoyándonos. Fíjese: yo tengo tres niños y su papá jamás me ha ayudado. Solita me las he tenido que ver. Los dos mayorcitos, ya van a la secundaria, y la más chiquita, está en cuarto de primaria. Claro que si no hubiera sido por mi mamá, pus no la hago, porque ella me ha ayudado mucho. Orita está con ellos en la casa. Ya ni se preocupe señora, que todo tiene solución, menos la muerte. Su galán, con perdón de usté, ha de ser bien pendejo. A ver, cuándo se va a encontrar otra como usté. Jamás. Pa'mí qué se va a arrepentir. Ya ve cómo son, primero se sienten bien castigadores, y después ya andan por allí, rogándonos. Ay mire, mejor, mándelo a volar, pa'que se dé cuenta, lo que es canela pura. Ya, ya no llore. Se puede deshidratar, y luego con esto del esmog. Ya ve como se le reseca a uno la piel. Aquí están los klines, ¿eh? Tome los que usté guste. Déjeme ir a buscarle un tecito de manzanilla, pa'que se tranquilice. ¿No quiere?

Bueno, pero en ese estado no puede salir. Se debería de dar una manita de gato. ¿Qué le parece si la maquillo? Es que fíjese, que yo tomé un curso intensivo de maquillaje allá por Santa María. Tengo mi diploma. Si hasta estuve trabajando en un salón de belleza en la colonia del Valle. Pero no me gustó estar allí, porque las compañeras empezaron a intrigarme. Fue cuando decidí irme al taller de la boutique. Tengo maquillaje Angel Face, rímel, polvo compacto, chiapitas y delineador azul. Va a ver la voy a dejar, bella, bella. Mire, vamos a poner el banquito frente al espejo y la maquillo. ¿Qué le parece? Al fin que orita no han de venir muchas damitas, porque ya empezó a cantar la señora, y durante el chou, nunca vienen. A ver, primero hay que mover el banquito. Así, después tomamos un klines y limpiamos esas lagrimitas. Luego, ponemos tantita Nivea, pa'quitar su maquillaje, que ya está pa'llorar. Si la lastimo, me dice, ¿eh? Oiga, fíjese cómo se ve usté más jovencita con la cara limpia. Pus ¿cuántos años tiene? No, no me diga, porque es de mal agüero decir la verdadera edad. Entre más la confiesa, más se envejece. Bueno, eso decía mi tía Luz, que en paz descanse. Oiga, usté es re blanca, ¿verdá? Bueno, orita, porque está pálida. Pero sí es de tez blanca. Yo era como usted, fíjese, pero después me salió mucho paño con el nacimiento de los niños. Pero anímese señora. Véase nomás en el espejo, esa carita tan triste. Pus, ¿qué le hizo ese cabrón, que tanto la mortificó? Ya, olvídelo. A lo mejor ya hasta se fue sin pagar. Por Dios, que así hacen algunos, mientras sus galanas vienen a polvearse la nariz, ellos se pelan sin pagar. ¡Es que hay cada sinvergüenza, señora! Mire, le voy a poner sus chiapitas, pa'que se alegre esa carita. ¿Ve la diferiencia? ¡Ay, a mí cómo me gusta maquillar! Fíjese, que tengo una amiga, que su prima, maquilla en Televisa. Ella conoce en persona a Daniela Romo, a Yuri, a Erika Buenfil y a quién sabe cuántas más. Allá los hombres también se maquillan como las mujeres. Igual se ponen sus chiapitas, su polvo y su rímel. Me contó, ¿usté cree?, que Emmanuel se pinta el pelo. Que a veces trae unas raices pa'llorar. ¿Le pongo delineador? Bueno, pero no se vaya a mover, ¿eh? Porque luego la raya sale bien empastada. ¡Híjole, que grandote se le ve el ojo así! ¿Ya vio la diferiencia con el otro? Y eso, que los trai hinchados de tanto chillar. ¿Sabía que ya venden ojos de todos colores? Hace unos días, una clienta traía unos verdes igualitos a los de Verónica Castro. Oiga, qué chula es la Vero, ¿verdá? A mí me encanta. Cuando tenía su programa ése de *Mala Noche, No*, la veía hasta morir, es que el Capi, me prestaba una televisioncita portátil. Pero, ¿usté cree que se la robaron? El dice que fueron los del estacionamiento. Vaya usté a saber. Ay oiga, qué bonita canción está cantando orita la señora. "Bésame, bésame mucho..." "Ay, a mí me encanta cantar. Con las canciones románticas, pues sí me acuerdo de mi vida, porque recordar es vivir, como decía mi tía Luz. ¿Ya vio qué guapa quedó? Y eso que todavía le falta el rímel. Pero me da miedo ponérselo porque orita, como tiene los ojos bien irritados, no vaya a ser la de malas, que se le meta la pintura. La boca no se la pinto, porque me tiemblan las manos. Mire, tengo estos colores, ¿le gustan? ¿Por qué no se pone éste de Max Factor, que se llama Caperucita Roja? Le quedaría muy bien con su vestido colorado. Andele, se lo presto, con confianza. Es que el que traía usté, de a tiro le daba un tono anaranjado, que no le favorecía. Así. Póngase más, ¿ya vio cómo le da vida a su carita? Nomás le falta peinarse. Oiga qué bonito pelo tiene. Así. Espónjese más la melena. ¡Híjole, quedó usté chulísima! Ahora sí va a impresionar al galán. Orita que salga, va a pensar: "¡qué pendejo soy, si esta mujer es preciosa!". Va a ver. A lo mejor hasta le pide perdón. Quien quita, que hasta le proponga matrimonio. Si viera usté cuantos matrimonios han salido de aquí. ¡Ay, es que cómo canta la señora, a cualquiera le inspira! Ya se siente mejorcita, ¿verdá? Aunque esa mirada tan triste, todavía no se le quiere quitar. ¡Muchas gracias, señorita! ¡Usté sí que ya me hizo el día con esta propinota!" ¡Pérese, pérese, le voy a regalar tantito de mi perfume que tengo escondido, pa'las clientas especiales, así como usté. Es el último que acaba de sacar Revlon. ¿Le gusta? Huele a flor fresca, ¿verdá? Oiga, no se le olvide, ¿eh? Usté muy digna. Muy dama, ¿eh? Oiga, con todo respeto, ¿cómo se llama el galán, para que pida por él a San Judas Tadeo?

—¿Sabe cómo se llama mi galán? Virginia. Es mujer. Y la cabrona está enamorada de un pendejo...

—¿Cóomo? ¿Virginia? ¿Y es vieja? ¿Y está enamorada de un macho? ¡¡¡Híjoles seño, usté sí está bien jodida!!!

Fridita

Londres, esquina con Allende

Ese domingo me desperté sabiendo que tenía cita con Frida. Hacía mucho tiempo sentía deseos de visitarla, pero algo me orillaba a seguir esperando pacientemente su llamado.

Después de dar vueltas y más vueltas por Coyoacán, finalmente llegué a la famosa Casa Azul. El reloj marcaba exactamente un cuarto para las tres. La tarde estaba tranquila y soleada, y el ambiente era un poco provinciano. Al llegar al patio de la entrada, dos enormes judas de mirada persistente, me dijeron: "Pase usted". Busqué la taquilla para comprar mi boleto y un señor muy parecido a Joaquín Pardavé, recargado sobre una pila, me dijo: "Para usted, no es nada".

"¡Qué curioso!, tengo la sensación de haber estado aquí hace muchos años. Todo me es tan familiar", pensé al entrar en la primera pieza. Con la misma velocidad con que me vino este extraño recuerdo, lo deseché. Descubrí los primeros autorretratos de Frida y algunas de sus esculturas en madera. Una en particular llamó mi atención. Representaba a un niño en forma de feto, asomado entre dos fornidas piernas. En el segundo salón hay una larga vitrina que contiene fotos y cartas de los padres de Frida. Hay también pequeños papeles escritos con recados de Diego: "Fridita, mi niña, la niña de mis ojos". Junto, hay una carpeta abierta, con una lista de gastos efectuados durante el mes de agosto

115

de 1937, escrita por Frida: "Diez y ocho pesos de teléfono, chofer por tres domingos, setenta y cinco pesos". Admiré su orden y su escritura firme y femenina.

Al fondo del salón, a un lado de la pintura conocida como *Las dos Fridas*, se halla la amplificación de un manuscrito donde explica Frida el motivo que le inspiró este tema. "Cuando yo era niña, y tenía que quedarme en mi casa, por las tardes, me daba unas aburridotas, entonces me paraba frente a la ventana de mi recámara, juntaba mis dos manos y contra el vidrio echaba mi aliento formando un vaho. En él dibujaba una puerta, por donde salía hecha la mocha, hasta llegar al fondo de una panadería. Allí estaba esperándome para jugar una niña igualita a mí. Después de haber jugado y de haberle contado mis problemas secretos, me regresaba voladísima, por la misma puerta, feliz de haber estado con mi amiga imaginaria". Esta vivencia la siguió muchos años. Después de haber leído este recuerdo, sentí de una manera más viva mi atracción hacia la personalidad de Frida. Siempre le admiré su rebeldía ante todo lo convencional. Una de sus características siempre fue su forma de vestir. En otra vitrina aparecen sus faldas, sus blusas bordadas, sus aretes largos, sus cadenas de bejuco y sus listones. Ante mis ojos, todo esto de pronto cobraba vida. Los recados escritos aparecen constantemente por donde quiera como si hubieran sido redactados unas horas antes. "Beso tu boca de rana y renacuajo idolatrada. Tu Frida".

Después de dos cuartos con pinturas de Diego, me dirigí hacia la cocina grande y luminosa, decorada con cazuelas, ollas y demás recipientes en barro. Sin ningún esfuerzo, me imaginé a Frida alisando, con las planchas de antes, las camisas de tela de "cabeza de indio" de Diego, sobre una mesa ancha de madera, cubierta con una sábana vieja. Vi inclusive el vaporcito que despedía la plancha. El olor se confundía con el de la leche que hervía sobre el brasero. El ronroneo de un gato gris enroscado en una de las sillas, de ésas como de pulquería, se mezclaba con el ruido que producía el hervor de la olla de los frijoles.

116

Transcurría así una tarde asoleada del mes de agosto de 1937. Había querido revivir aquella atmósfera, introduciéndome cada vez más en el mundo de Frida. Las alacenas del comedor se ven repletas de tarritos, vasos de pulque, jícaras, esferas, flores de papel desteñidos, cerámica de Puebla y platos de vidrio soplado. Su olor peculiar hizo que evocara el membrillate, el arroz con leche, los tejocotes en almíbar, el pan dulce, el atole y los tamales de fresa. Allí estaba Diego, en la cabecera, saboreando un riquísimo mole cubierto con ajonjolí. Frida, en su silla de ruedas, iba y venía trayéndole tortillitas recién "echadas".

Al subir al primer piso, se aprecia a lo largo de las escaleras una extensísima colección de exvotos. El taller de Frida es como un invernadero muy amplio, rodeado por libreros. Súbitamente, en el centro de esta pieza, mis ojos se toparon con su silla de ruedas. Al descubrirla sentí algo que me conmovió profundamente. Su alma se encontraba allí sentada, testigo de cómo, poco a poco, su nostalgia y melancolía se confundían con las mías. Una luz color ámbar iluminaba sus pinceles, su caballete, su presencia y su muerte. A un lado del taller está su cuarto. ¡Qué profunda compasión sentí al encontrarme a los pies de su cama! Me dieron ganas de llorar. La vi, recostada, con una gran tristeza en los ojos, pintando sus cuadros gracias a la fuerza de su dolor y de su amor a la vida. La acompañaban sus libros, las imágenes de Marx, Lenin, Mao y Stalin. Parecía que todo acababa de tocarlo con sus manos. Reflejada en el espejo que forma un pabellón arriba de su cama, la vi llorar por su soledad, por su constante lucha. Lloraba también por su padre, que sufría ataques de epilepsia, lloraba por los que luchaban en la segunda Guerra Mundial, porque Diego aún no llegaba, porque no sabía cuál de las dos Fridas era. Lloraba por Trosky, porque se acababa de divorciar de Diego, porque no podía hablar con su amigo André Breton, porque le faltaban 20 operaciones más, porque extrañaba su otra pierna, porque sentía que se ahogaba dentro de un girasol.

¡Qué horror! ¡Cuánta tristeza! ¡Qué postura tan dolorosa e incómoda debía de haber tenido en esa cama, desde donde oía las campanas de la iglesia, los perros ladrar en la noche, los pasos de su Diego subiendo las escaleras que venía para decirle: "¿Cómo se siente hoy mi Fridita, la niña de mis ojos?". Con el alma arrugada como papel de china, finalmente bajé unas escaleras de piedra que me llevaron a un patio lleno de macetas. Contra el muro del fondo me miré en un pequeño espejo, color tristeza y vi asomarse a Frida. No quería irme de esa casa. Desde que había llegado, había sentido cómo me encerraba en ella, de más en más. Algo me retenía, quería correr hacia Frida y llorar a los pies de su silla de ruedas. Sentía grandes deseos de contarle también mis penas, estaba segura de que me comprendería. Quería pedirle "sus alas pa'volar", quería convertirme en su amiga imaginaria, decirle que era mi cuata y muy reata, en otras palabras, quería acompañarla en su soledad. Tenía deseos de peinarla, de pedirle que me enseñara sus aretes de coral y sus cartas de amor.

No podía irme. Me había invitado a comer. Todavía no saludaba a Diego, que estaba por llegar de un momento a otro. Antes de dormirme, ya en mi casa, yo seguía en la casa de Frida en Coyoacán. Estaba sentada en el comedor desde donde vi, por fin, a Diego llegar con un pantalón de mezclilla y su sombrero de petate. Frida lo esperaba en la puerta, muy derechita, recargada en su bastón y con una gran sonrisa. "¡Ya llegó!", me gritó desde el patio. El olor de mole salía desde la cocina. Obviamente no me había ido. Los Rivera me habían dado cita para comer aquel domingo del 20 de agosto de 1937, a un cuarto para las tres de la tarde.

Salón Esperanza, 1944

Bajo una hilera de cascos de flamantes secadores, se escuchan conversaciones de conocidas damas de la sociedad mexicana. Estas señoras forman la selecta clientela del

"Esperanza", uno de los más famosos y acreditados salones de belleza de la ciudad de México. A estas voces, de vez en cuando se agrega la de doña Catalina de Villarreal, que como todos los sábados, se está haciendo manicure con Rosita.

En la caja, el propietario del salón, Manuel Camacho, cobra la cuenta con una amable sonrisa, a la señora Beatriz de Llamosa. Afuera, en la esquina de Frontera y Avenida Chapultepec, la está esperando ya su *choffeur* recargado en un Buick azul marino.

Frente a uno de los espejos que cubren las paredes, está la famosa Esperanza Bernal de Camacho. Enfundada en su bata blanca de trabajo, rocía con laca cuidadosamente la rubia cabeza de doña Chayo de la Colina. Sarita, su ayudante, cubre el rostro de la clienta con la ayuda de un ejemplar de la revista *Social*, para evitar que gotitas de laca puedan caer en sus ojos. Otra ayudante barre los montoncitos de pelo regados por el suelo. "¡Juanita, Juanita! termina rápido de barrer y ve a buscar las tenazas, que la señora Palomar tiene mucha prisa", le ordena Esperanza.

Como cada sábado, el salón está a reventar. Al fondo, están Mari, Chelo y Conchita, terminando de hacer las anchoas a unas clientas. No muy lejos, esperan otras, con redes que les cubren el pelo. A tres señoras más, les están dando champú. Algunas esperan, con la cabeza cubierta de pinzas plateadas, que se desocupe un secador. Toñita termina el permanente de la hija de la señora López. Mientras tanto, su mamá observa el trabajo, con una toalla en la cabeza en forma de turbante. Por momentos, platica con Cuca Celis de Sánchez Ocaña, acerca del último *bridge* de caridad que organizó Carlota Labastida Ochoa.

La manicurista lima las uñas de doña Catalina y no pierde detalle de la conversación que viene de la zona de los secadores:

"Tienes toda la razón, la mujer de Diego Rivera es una señora rarísima. Además, fíjate que es comunista y dicen que fue amante de Trosky y de quién sabe cuánta gente más". "Eso me han dicho también. Esta mujer es lo que se llama una ex-cén-tri-ca. ¿Me oíste? Ex-cén-tri-ca. Tengo entendido que su casa parece zoológico; hay perros pelones, venados, guajolotes, loros, águilas, y hasta monos arañas". "Como dice mi marido, esa señora es una ex-hi-bi-cio-nis-ta. Dice que lo único que quiere es inspirar lástima con el tema de sus pinturas. Para mí que es una persona sumamente desequilibrada. ¿No crees? "Entonces, ¿no está tan enferma?". "Pues bien a bien no se sabe si son cosas de su cabeza o si efectivamente está enferma. Dicen que de chiquita tuvo poliomielitis." "¿Polio...qué? "Po-lio-mie-li-tis". "Pues a mí me contaron que estaba completamente inválida por un accidente de tranvía que tuvo con Gómez Arias, el de la huelga de la Universidad". "Sí, enferma sí está; todo el día se la pasa acostada en la cama, con un corsé de fierro, fumando cigarros de albañil; y parece que todo el tiempo habla por teléfono con sus amantes". "Pues no ha de estar tan inválida, porque me dijo mi chofer que el otro día la había visto en el Salón México". "El otro día me contaron que toma tequila con mariachi, que canta corridos zapatistas por las noches, y que los domingos va con muchas amigas a ver peleas de box". "¡Qué barbaridad!" "Además, dicen que en su casa recibe a muchos bohemios comunistas". "Bueno, ¿y de dónde habrá salido esta señora con esas costumbres?" "¡Vete tú a saber!" "Quién sabe quién me contó que su papá era un fotógrafo ruso judío, y que la mamá es de familias indígenas de Oaxaca. Sinceramente, no creo que sean buenas familias, ni con mucha tradición, porque dicen que ella habla con puras groserías. Lo que les puedo decir, es que antes de casarse con Diego Rivera, ni quién la conociera". "A eso iba yo. A mi manera de ver, se casó con Diego por puritito interés. Como le da también por la pintura, pues se aprovecha de la cercanía de Rivera, para codearse con los mejores. Por eso, tuvo tanto éxito en el extranjero". "Déjenme contarles. El otro día la vi en casa de Marucha Lavin, en un coctel que le hacían a Amalia Castillo Ledón. ¿Me creerán que fue vestida de india te-hua-na? Además llevaba rebozo de bolita, ¡comme les domestiques! No saben la lástima que me dio". "Bueno, hay señoras que sí lucen el rebozo. Ya

120

ves qué bien se ve Sofía Verea. Pero ella sí se puede dar ese lujo, porque tiene un tipo precioso. No a todo el mundo le queda el rebozo, ¿no creen? "¡Cállate!, ella se ha de ver como del mercado". "El otro día me contó Pedro Corcuera que en casa de los Avramow, en un coctel que le ofrecieron al embajador chino, se encontró a los Rivera. Que Diego iba correctísimo con su smoking, pero lo que es ella, que había ido con un tocado de flores en la cabeza muy, muy chillante. Que era la pareja más excéntrica de toda la reunión. Pero eso no es lo peor. Chayo, que también estuvo en el mismo coctail, me contó que aparte de hacer el ridículo con su vestimenta indígena, bebió más de la cuenta y que no soltaba a la pobre de Ma. Luisa Elió. Yo creo que esa señora carece de toda moral. Y eso que yo no soy de las que se escandalizan con facilidad". "Sí, indiscutiblemente es muy extraña. Creo que en su casa en Coyoacán no hay sala y que en lugar de tener sillones como la gente decente, tienen puros equipales. Que en el piso hay petates de palma, que tiene puros ídolos horribles. Y no hablemos de la loza que ponen en la mesa: son platos de barro, encima de manteles que hacen las indias del mercado". "Tal como lo estás describiendo, a mí también me lo contaron. ¿Se dan cuenta que comen elotes, gusanos de maguey y tacos con tortillas moradas con una cosa que se llama huitlacoche?" "Huitla...¿qué?" "Huitla-co-che". "¡Ay, ya cállense la boca, que me están quitando el apetito y saliendo de aquí tengo que ir corriendo a la casa de la Chata Elízaga". "Pues a mí todo lo que están contando de esa mujer, me parece desastroso. Imagínense que todo esto se lo dan de comer a los extranjeros importantes que vienen a admirar la pintura de Diego. ¡Qué horror!, poner a México en ese ridículo. Para que nos crean todavía más indios de lo que somos". "¡Ay chula, por favor no pluralices!" "¿Se imaginan si esa señora viniera a peinarse aquí con Esperanza?" "¡Ay tú, yo creo que ni Manuel ni Esperanza la recibirían. Además, ¿para qué vendría, si se peina con trenzas? A lo mejor nunca se lava el pelo. ¿Cómo podría, si está tan enferma? "¿Saben quién es muy su amiga? Lolita del Río. Dicen que la visita con cierta frecuencia". "Bueno, de quien es amiga es de Diego Rivera, como María Félix. Sinceramente, no creo que Lolita Asúnsolo la considere su amiga. Les aseguro que jamás la ha invitado a cenas en su casa". "¡Ay chulas, no entiendo, ¿por qué hablan tanto de esa mujer? Sinceramente, ya me cansaron. Es una pobre señora inválida, que un día de éstos se muere y ni quién se acuerde más de ella. ¡Ni hijos tiene! Mejor cambiemos de tema. Oiga Rosita, póngame por favor tres capas de barniz, para que me dure más tiempo. Luego se me escarapelan y las traigo como de vecindad".

La manicurista, inclinada sobre las manos blanquísimas de doña Catalina, obedece y sobre la segunda coloca, muy despacito, otra mano del barniz preferido de su clienta: "Rojo Militar", de la línea de belleza Don Juan, importada directamente desde España.

Llamada telefónica

¿Bueno?, ¿Diego?, ¿cómo estás? Oye, no se te olvide que Salvador Novo y Fito Best vienen a comer. De regreso de San Angel, ¿podrías comprarme los bolillos? Acuérdate que los de la panadería por aquí, parecen hechos con engrudo. Si encuentras teleras, mejor. Oye, mandé hacer chiles rellenos, mole, arroz y frijoles. Tú los frijoles ni los vas a probar, porque ya ves que te caen como patada al estómago.

—Está bien compraré el pan. ¿Cómo se ha sentido mi Frida? ¿Ya te llamó el doctor Velasco Zimbrón?

—¡Ay, Diego, ¿cómo quieres que me sienta?, pues de la fregada. Este pinche corsé está mucho peor que los otros. Con decirte que no podía ni marcar el teléfono, y le tuve que pedir a Rosita que me marcara el número. Y el doctor ¡ni sus luces! Ya ves que dicen que trabaja hasta las tres de la mañana. Cuando llegues a la casa, le llamamos y le pides que me refuerce la dosis de calmantes, ¿sí? Oye mi renacuajo, tengo una nueva que comunicarte: te llegaron dos cartas de dos gringas.

—¿Cómo sabes que son de gringas?

—Por la dirección de los sobres. Pero, ¿sabes que además de gringas, son cursis? Imagínate que uno de los sobres, está decorado en una esquinita con un ramito de violetas. Y el otro, tiene un botón de rosa a punto de abrirse. ¿Te leo el remitente de las violetas?: Patricia de Wilden y luego viene su pinche *address*. La otra se llama Sally quién sabe qué diablos y ésa vive en Texas. Contéstale a ésta, ¿no?, ha de ser petrolera. Bueno, ¿qué carajos hago con tu correspondencia, la quemo o se la doy a Caimito de Guayabal, para que se las trague?

—No te me pongas celosa. Son dos americanas estudiantes de pintura que pasé hace algunos meses.

—Primero muerta antes de estar celosa de esas mensas.

—Bueno, si no te importa, ábrelas y se las lees a Novo, para que las comente en el periódico.

—¡Ay Diego, cómo dices pendejadas! ¿No crees que Novo tiene otras cosas más interesantes que escribir, que tus aventurillas con ese par de güeras desabridas? Oye, mi Diego precioso, antes de que se me olvide, porque ya ves cómo se me olvidan las cosas por los calmantes, llamó Miguel el chofer y me dijo que no vendría mañana, porque sigue enfermo. Han de ser puras papas, Diego, a mí que se me hace que se puso un señor cuete, como luego se pone.

—Bueno, ya conseguiré al General Trastorno, como lo llamas tú, para que me maneje, porque mañana quiero ir a Xochimilco. Bueno, no tardo. ¿Por qué mientras me esperan, no le preguntas a Novo qué ha pasado con la película de *Las abandonadas*? Pregúntale si siempre la va a censurar el gobierno, porque el protagonista militar saca de un burdel a la mujer que después se convierte en su esposa. A ver qué te dice.

—Muy bien, se lo preguntaré de tu parte. Bueno, ya voy a colgar porque este pinche yeso me está apretando todas mis costillitas. Ahora sí, Diego, siento que me está llevando la tostada. ¡Ya no lo soporto! Nos vemos al ratito, mi Dieguito. Acuérdate que llegando hablas al doctorcito, ¿eh?;

—Adiós, mi Fridita. Te mando muchos besos en tus costillitas. ¿Por qué no te tomas un tequila, para que se te relajen los músculos?

—¡Ay Diego!, si ya me tomé tres coctelitos y nada que se me quitan estas fregaderas. Bueno, ahí nos vidrios. Adiós, lindo.

—Adiós, Frida, piensa en mí mientras llego.

Como ya era costumbre entre los dos, tampoco esa tarde colgaron la bocina. Era una manera de evitar que nadie más les llamara. De esta forma seguían comunicados, aunque Diego estuviera en la casa Rosa, y Frida en la casa Azul.

Carta que Natalia Trotsky nunca escribió a Frida

Coyoacán, 22 de junio de 1937.

Estimada Frida:

Seguramente se sorprenderá al recibir esta carta. Créame que lo he pensado mucho antes de escribirla. A decir verdad, aún no sé si se la enviaré, ya que el tema es sumamente doloroso para mí. Sin embargo, pienso que me comprenderá porque veo en usted a una mujer inteligente y solidaria.

Desde que León y yo llegamos a México, fuimos recibidos por Diego y por usted con mucha gentileza. La casa Azul se convirtió desde el primer momento en nuestro refugio. A partir del primer día, nos sentimos en seguridad gracias a todas las precauciones que se tomaron. Los sirvientes de su casa, especialmente Jesús, el jardinero, han sido sumamente gentiles y nos ayudan en todo lo que necesitamos. La tranquilidad que se respira aquí en Coyoacán, ha sido para nosotros, además de agradable, muy reconfortante, pues como usted sabe, desde hace nueve años hemos vivido en el exilio, siempre sintiéndonos amenazados por los agentes de Stalin, que desean asesinar a León. Esta situación ha contribuido a que nuestros caracteres se hayan vuelto desconfiados e inseguros, incluso hacia las personas que nos han manifestado su apoyo y amistad. Pero con Diego y con usted, desde que nos encontramos en el Puerto de Tampico, nos sentimos tranquilos, pues sabemos que además de creer en la causa por la que lucha León, son nuestros amigos sinceramente.

Permítame entonces, dirigirme a usted como si lo hiciera con una amiga. Como usted ha podido darse cuenta, no hablo ni entiendo su idioma, ni tampoco el inglés con el que usted se comunica con León. (Espero que no se le dificulte la lectura de ʼesta carta en francés). No obstante, creo comprender el lenguaje de los sentimientos, sobre todo el que se establece entre dos seres que se sienten atraídos. No se necesita intérprete para traducir miradas, actitudes, entonaciones de voces; hasta un mínimo movimiento puede llevar un mensaje. Cuando se es celosa, una aprende a identificar cada una de estas pequeñísimas manifestaciones. Por otro lado, créame que no la culpo por lo que León le inspira. No sabe hasta qué punto comprendo que vea en él al revolucionario completamente comprometido con su causa. Que advierta en él su gran inteligencia y enorme valor para enfrentar a sus enemigos. No, no la culpo. Como tampoco lo culpo a él por haberse conmovido por su gran vitalidad y alegría para vivir. Es usted una mujer hermosa que irradia vida por donde pasa. Además, sé que él la admira porque me lo ha dicho. Ve en su pintura la fuerza interior de una mujer valerosa y entregada a su vocación, a pesar de sólo tener 29 años.

Pero desafortunadamente para mí, esta admiración con el tiempo se ha transformado, y creo que es ahora una pasión amorosa. Desde hace algún tiempo (¡Ah cómo se me ha hecho largo!), sé que ustedes se encuentran con frecuencia en casa de Cristina, su hermana (en una tarde de celos insoportables los seguí hasta la calle de Aguayo). A pesar de que ella ha sido muy gentil, sirviéndonos algunos días como chofer, no puedo dejar de guardarle rencor por permitir estos encuentros, que por lo demás resultan sumamente riesgosos, si se piensa que el menor escándalo, será de inmediato utilizado contra León y en beneficio de sus enemigos.

También sé que mi esposo le escribe cartas que introduce entre las hojas de los libros que le presta para leer. No sé qué dirán esas cartas, pero el solo imaginarlas me hiere terriblemente. Ignoro si usted le responde. Sin embargo, también me imagino las respuestas de una mujer apasionada, dispuesta a entregarle su corazón. ¡Sí, los celos se han de parecer al infierno, si existiera! A veces, cuando me encuentro sola, leo con toda claridad en mi imaginación su correspondencia. Incluso, figuro frases quejumbrosas y reclamatorias por algún asunto enojoso que hubieran podido tener entre los dos, debido quizá a la impuntualidad de una cita, a la mala interpretación de unas palabras o, ¿por qué no?, a los celos infundados de alguno de los dos. En lugar de figurarme entonces una carta de rompimiento la imagino encendida de amor y de ternura. En ella soy capaz de leer las palabras más seductoras y llenas de encanto, las promesas más arrebatadas y los juramentos de amor más inquebrantables que se hayan escrito. Estas, sin duda, son las cartas que más me hacen padecer, pues invariablemente imagino las despedidas con el día y la hora de sus futuros reencuentros en casa de su hermana Cristina.

Sé que todo esto es absurdo, pero así son los celos, absorbentes, obsesivos y créame, sumamente dolorosos incluso en una mujer de 55 años. Parece increíble que a esta edad aún no haya llegado a la serenidad y madurez que se requieren, para aceptar que al cabo de 35 años de matrimonio, la pasión y las manifestaciones de amor entre dos seres, tienden a disminuir día a día. Le confieso que yo sigo enamorada de León de la misma forma que cuando lo conocí. Quizá ahora lo quiera más, porque lo conozco mejor. A lo largo de todos estos años que hemos compartido la vida, hemos luchado, hemos tenido éxitos y fracasos, decepciones y alegrías, pero sobre todo, hemos tenido con la misma intensidad fe en la razón, la verdad y la solidaridad humana.

Por todo esto que le confieso, he estado muy deprimida y triste. Además de todo mi dolor, creo que el exilio en las mujeres es mucho más difícil que en los hombres. Las mujeres somos más nostálgicas, contamos con más tiempo para serlo; nos acordamos de cosas que para los hombres quizá no tengan la misma importancia, como por ejemplo, los olores de ciertas frutas, el sabor de un guiso que se acostumbraba comer de niña, o simplemente, el color del cielo de algunas tardes invernales. Cada país tiene su propio color de cielo.

Sé que todo esto podría discutirlo directamente con León, pero se encuentra tan entregado a su trabajo, que no me atrevo a perturbarlo con mis celos. Por eso decidí desahogarme con usted, porque como mujer tal vez haya sentido algo semejante respecto a Diego. Si no es así, le deseo que desde ahora aprenda a dominar los celos, ya que es quizá el sentimiento que más envilece al amor, porque surge del egoísmo y del orgullo.

Sin embargo, le agradezco, Frida, la ilusión que le ha provocado a mi León querido, sobre todo en estos momentos de tanta tensión. Hacía muchos años que no lo veía con tanto vigor intelectual y tan rejuvenecido.

Espero contar con su discreción y solidaridad

Natalia Sedova*

Aproximaciones

A lo mejor, para ti, Frida, los espejos eran como el mundo de las lágrimas. ¡Qué casualidad que siempre que te veías en ellos, no podías evitar el llanto. ¡Con razón Alex, tu primer novio, te llamaba "lagrimita".

—Dime, Frida, ¿tú crees que uno es arquitecto de su propio destino? ¿Sí? Entonces, explícame, ¿por qué te lo

*La información en que se funda esta carta, está tomada del libro *Frida* de Hayden Herrera.

construiste con tanto dolor? ¿Qué culpas creías estar pagando? ¿Sería por ser Frida Kahlo, la Fridita de Diego, la única mujer que realmente amó Rivera?

—¡Ay Frida!, ¿no te molestas si te digo que en la casa Azul se respira una profunda desesperanza? Será por su color, ¿verdad? Como es una casa *blue*, entonces se siente uno *blue*. Si hubiera sido pintada de *pink*, quizá en ella no se padecería tanto. ¿No crees? Si es así, entonces, dime ¿por qué quisiste regresar a ella cuando te casaste con Diego? Sí, ya sé, que Diego pagó la hipoteca que había contratado tu padre. Pero si sabías que allí se respiraba tanta tristeza, ¿por qué regresaste? ¿Acaso para encontrarte de nuevo con tu amiga imaginaria y platicarle tus problemas ya de mujer? Entonces, como el resto de la familia Kahlo, ¿ella también anda por allí caminando por los corredores, subiendo y bajando las escaleras?

—Dicen que los húngaros son muy melancólicos. Entonces tú heredaste la melancolía de tu padre.

—Cuéntame cuánto quisiste a Alex. Yo lo conozco. Fíjate que no hace mucho, me lo encontré en la Librería Francesa. Iba muy elegante, con su suéter negro de cuello de tortuga, y un saco de *tweed*. Yo iba con mis hijos. Cuando nos saludamos, en seguida los llamé (estaban hojeando las revistas), y les dije: "Niños, vengan rápido a conocer a don Alejandro Gómez Arias. El conoció muy bien a Frida. Imagínense que viajaba con ella cuando sucedió el accidente. ¡Salúdenlo!" Mis hijos se quedaron muy impresionados. Es que ellos también te conocen. ¡Les he hablado tanto de ti! Estoy segura que cuando sean mayores, dirán orgullosos: "un día en una librería conocí a Alex, el novio de Frida".

—Para seguir platicando a gusto, ¿quieres que me recueste a tu lado? ¿De veras no te molesta? Mira, Frida. Míranos a las dos reflejadas en el espejo del baldaquín de tu cama. ¡Qué graciosas nos vemos! ¿Por qué no nos imaginamos que tu padre nos está tomando una fotografía con cámara de principios de siglo? ¿Le sonreímos tantito a la cámara? ¡Pajarito, pajarito! ¡Orale, Frida, una sonrisita!"

Así mientras posaban para la cámara, vino un silencio largo y profundo. Pasaron muchos ángeles sobre las dos. ¿Cuántos? Sólo Dios sabe.

—Dentro de la colección de exvotos de Frida y Diego, no hay ninguno pintado ni firmado por Frida. Ni vírgenes ni santos nunca le hicieron el milagro de curarla ni de su pierna ni de su espalda. Al contrario, Dios Nuestro Señor le mandó decenas de operaciones y muchos, muchos sufrimientos, para que pudiera ofrecérselos y ganarse así el reino de los cielos. Entonces, ¿Frida se fue directamente al cielo? ¿Por eso un mes antes de que le amputaran la pierna escribió: "Pies para qué los quiero, si tengo alas pa'volar?". Entonces, ¿después de morir le salieron las alas? ¿Por eso pesaba tanto su féretro?

—Cuando por las noches, la casa Azul parecía dormir, y Diego se quedaba en la recámara contigua a la tuya para velar por ti, ¿tú qué soñabas, Frida Kahlo?

La damita

——¿Qué si nos ha afectado la crisis? ¡Claro que nos ha afectado! Por donde la vea uno, la situación está para llorar. La clientela ha disminuido y nosotras nos hemos proliferado. O sea, que la competencia está durísima. A eso, súmele los que andan vestidos de mujer. ¿A poco no los ha visto? Es que ni se puede hacer la diferencia. ¡Uta!, también ellos andan muy acá, muy a la moda, con todo y minifalda y botas. Se maquillan con puros productos franceses de importación; se perfuman con Chanel No. 5. Y como son mucho más audaces que nosotras y a todo le entran, pues nos ganan con lo que ofrecen. ¿Usted cree, que hasta amparados andan? También lo que nos ha afectado demasiado son las nuevas costumbres. ¡Híjole!, es que han cambiado muchísimo. Ahora resulta que las de la alta y de la clase media estan hechas unas reventadas. Ellas no cobran, pero por un fin de semana en Acapulquito o en Puerto Vallarta, están dispuestas a todo, todo. Las peores son las divorciadas. Con eso de que ya se sienten muy liberadas, pues jalan con cualquiera. Es que ellas son bien hipócritas y miedosas del qué dirán. Entre esas señoras existen también sus categorías. Mire, están las que le pintan el cuerno al marido de cinco a siete. Muchas de ellas se buscan sus amantes en rumbos totalmente diferentes de donde viven. Haga de cuenta que viven en el Pedregal, bueno, pues a su amigo lo ven en Satélite. La segunda categoría son las que van a los restaurantes elegantes de la Zona Rosa con muchas amigas, para darse ánimos entre ellas y allí ligan señores. La tercera: ésas se acuestan hasta por una cenita, o por una copa allá en los bares de los hoteles elegantes. Aceptan la copa y después se van a un cuarto del mismo hotel. También hay algunas que lo hacen porque están bien aburridas y buscan nuevas sensaciones. De éstas hay muchas millonarias. ¿Usted cree? Híjole, es que ésas de plano son unas viciosas. No hay derecho. Oiga, una lo hace por necesidad, en cambio ellas nomás por puritito amor al arte. Además, ahora las jovencitas toman píldoras y así con los chavos ya no hay cuete. Bueno, pues agréguele a todo esto el Sida.

Mucha gente cree que nosotras escogimos el oficio más fácil del mundo, además de ser el más antiguo. ¡Uta!, por Dios que es el más difícil. Por eso a veces terminamos todas neuróticas, porque tenemos todo tipo de tensiones: miedo a la policía, riesgos de infecciones, económicas, sentimentales y un chorro de broncas familiares.

¿Qué si nos sentimos en un país libre? Pues sí y no. Es libre, si lo compara con otros como Guatemala, Irán o Biafra. Pero si lo compara con Holanda, nosotras estamos perdidas. Porque aquí sí hay represión. Acuérdese que vivimos en un país machista, donde además existe la corrupción, la hipocresía social. La verdad es que las mujeres somos más fuertes y que a pesar de todos los obstáculos que tenemos, siempre salimos adelante. ¿Y sabe por qué? Porque cada vez estamos más organizadas, más conscientes de nuestros derechos. Siempre que podemos y cuando nos las vemos duras, defendemos nuestra profesión, nuestro derecho al trabajo. Fíjese, hace poquito, organizamos una manifestación porque nos querían quitar nuestras esquinas, porque dizque estábamos en zona residencial y que escandalizábamos a las familias de la colonia. ¿Usted cree? Puras mamadas. Que no me hagan reír. Si precisamente los padres de esas familias dizque muy decentitas, eran nuestros mejores clientes. "Hay que organizarnos, Damita", me dijeron mis compañeras. Me dicen "La Damita" porque soy güerita de a devis y dizque tengo muy bonitos modales. Bueno, el caso es que nos organizamos y nos fuimos todas juntas por

Reforma con pancartas que decían: "Derecho al Trabajo". Finalmente, llegamos a un buen acuerdo con el Delegado. Y ahora nos instalaron en otra zona. Allí los patrulleros sí nos respetan. Ahora ya casi no sufrimos razias. También nosotras pusimos de nuestra parte y aceptamos el cambio, siempre y cuando no nos mezclaran con otras que no son de nuestra categoría. De verdad que broncas no nos faltan. Dicen que nuestro oficio es una falta administrativa. Yo sé que hay un tratado en las Naciones Unidas, que dice que en ningún país puede existir este oficio. Y ya ve, en provincia existen zonas de tolerancia. Pero ninguna de nosotras queremos que nos destinen a una zona de tolerancia. La competencia sería todavía peor. Además correríamos el riesgo de que nos reconocieran nuestros familiares y nuestros hijos.

Todas tenemos hijos. Hay algunas compañeras que hasta cinco tienen. ¿Que si nuestros hijos saben lo que hacemos? ¡Noooo! Ninguna de nosotras les confesamos lo que hacemos. Muchas decimos que somos meseras o enfermeras de noche. Yo tengo dos y si me dicidí a estar en esto, es porque les quiero dar una buena educación, pero ni así alcanza. Ya ve cómo están los colegios, la gasolina, la ropa, los maquillajes, las rentas. En fin, todo está demasiado caro. Al mayor que ya va a cumplir 15 años, le tuve que poner frenos. ¿Sabe en cuánto me salió el chistecito? En más de un millón y medio de pesos. Claro que lo pagué a crédito, pero de todas maneras. Luego las clases de ballet de la niña. Cada uno tiene un papá diferente, ¿no? Bueno, pues ninguno de los dos cabrones me pasa un centavo. Y encima, tengo a mi mamá viviendo conmigo.

La verdad es que la crisis del país nos ha afectado en nuestra economía familiar. A nosotras el Pacto nos ha perjudicado bastante, porque no podemos subir las tarifas. Todos los clientes dicen: "¿Por qué tanto, si ya no hay inflación por el Pacto?" No sabe cómo se la pasan regateando y regateando. Oiga, pues ni que fuéramos de la Plaza Garibaldi o de la Merced. Las de Insurgentes, ésas cobran hasta 200 mil pesos y hay clientes que me han dicho que son muy mamonas, bien aburridas y que se creen la divina garza. Nosotras somos diferentes, otra onda. Con nosotras hay diálogo, escuchamos sus broncas, tratamos de comprenderlos. Oiga, yo no voy a venderme, como muchos creen. Esto es un trabajo como cualquier otro. Es como una labor social. Nosotras somos parte de la vida, somos una realidad. Formamos parte de la historia del mundo. Han existido compañeras bien famosas, que han participado en hechos históricos. Mire, en las películas de James Bond, todas las que salen son como nosotras, y esas películas son para niños.

¿Que cuánto cobro? Mire, como me considero muy profesional, cobro 100 mil pesos, no me gusta hacer trabajos extras como el *menage à trois*. Eso no me gusta. Creo que soy muy exigente, porque creo conocer mi oficio a fondo. Muchos clientes dicen que de verdad soy una dama.

¿Que si tenemos compensaciones? A veces sí, a veces no. Gracias a ese oficio, yo he conocido a gente muy a todo dar. Claro que también me he topado con cada bicho raro, que para qué le cuento. Pero mire, entre las compañeras he conocido mujeres muy luchonas, que han sufrido mucho. En esto se aprende de todo. Yo no sé si yo soy especial, pero con los clientes me gusta hablar de todo. Cuando hubo las elecciones, todo el tiempo hablaba de política con algunos de ellos. Yo voté por Cárdenas. A veces, como para echar relajo, antes de hacerlo, les pregunto por quién votaron. ¿Usted cree? A los cardenistas les hago un precio especial. A los que me dicen que votaron por el PRI, o por el PAN, les cobro más caro. No mucho, un diez por ciento más. La verdad, a mí sí me gusta hablar de polaca, porque me pone en contacto con mi país. Cuando tengo tiempo, leo los periódicos. Fíjese, tengo un cliente que es vaciadísimo. Ese trabaja en una Casa de Bolsa. Bueno, pues hace como dos años me recomendó invertir mis ahorritos. Gracias a él, dupliqué mi capitalito. Con ese dinero me compré un carro y la video. La verdad es que, si se quiere, en este oficio sí se tienen compensaciones. Claro que no siempre es fácil. ¡Uta!, si usted supiera lo que es soportar a un hombre al que le apestan las axilas, los pies y la boca. Por eso siempre traigo en mi bolsota, desodorante y un spray para el aliento. Algunos se ofenden, pero les digo que son afrodisiacos. Solamente así aceptan ponérselos. También traigo conmigo un chorro de condones. ¡Híjole!, con algunos clientes tengo unos problemas. ¿Usted cree que no se lo quieren poner? Allí sí soy muy exigente. "Ay Damita", me dicen "es que no me gusta". "Pues te aguantas como los machos", les digo. A los que no quieren les digo adiosito. ¡Híjole!, a veces me deprimo un chorro. Entonces pienso que si volviera a nacer y me dijeran "vas a tener el mismo oficio" que tengo actualmente, me digo que no me gustaría volver a nacer. Luego, me digo que quizá sería mejor que de verdad fuera cajera de Sanborn's, para checar tarjeta, tener derecho a Seguro Social, vacaciones pagadas, días de asueto, aguinaldo, etcétera. Pero luego pienso que con un trabajo así no me alcanzaría ni para el arranque. Y la verdad, es que sí quiero darles una buena educación a mis hijos. Tengo una prima que es mesera en uno de los Vip's por el sur, y siempre me está pidiendo dinero prestado.

¿Sabe cuál sería mi máxima ilusión? Conocer Amsterdam, que está en Holanda. Eso sería mi sueño dorado. Desde que un cliente que estuvo por allá me platicó, me muero de ganas de conocer. Fíjese, allá las mujeres como yo, o sea con el mismo oficio, viven en una zona preciosa, en donde hay unas casitas como las de los cuentos de los niños. Allá no se paran en las esquinas. Están dentro de sus casitas y en unas vitrinas, todas iluminadas por dentro y por fuera, esperan los clientes. Así, mientras están en el calorcito de su hogar, se las ve tejiendo, cocinando, hablando por teléfono o leyendo, mientras esperan al cliente. Allá nadie las molesta, no existen las razias, ni las agresiones por parte de las autoridades. Su oficio está considerado como cualquier otro. Nadie las ve raro, ni se burlan de ellas, ni las rechazan. Claro que existe el peligro de ser inmediatamente identificadas. Me pregunto si estas compañeras tienen hijos y si saben lo que hacen. Fíjese, yo me podría ir para allá a chambear y nadie me reconocería. Pero me imagino que se necesitan muchos papeles o palancas. Porque no fácilmente han de permitir que lleguen extranjeras a hacerles la competencia, ¿verdad? Híjole, me dan envidia esas chavas. Allá ha de ser un país muy liberado, ¿no cree? En cambio nosotras aquí, luego luego pasamos por ser unas perdidas, unas cuatro letras, unas mujeres de la vida galante, del talón, y quién sabe cuántas cosas nos dicen. ¿Usted cree que no sentimos feo, cuando pasan frente a nosotras y se nos quedan viendo, como si fuéramos unas monstruas? Las peores son las señoras dizque decentes, ésas nos miran con ojos de repugnancia, como diciéndonos: "¡Guácala, qué asco!". Algunas hasta nos llegan a insultar desde sus carros: "Hijas de esto... Hijas de lo otro..." Oiga, no seremos hijas de María, pero tampoco somos hijas de la chingada. Somos mujeres, somos seres humanos, lo que más nos importa es poder trabajar libremente.

Lo que sí me avergüenza es tener que mentirles a mis hijos. Eso sí que me parece vergonzoso. Durante todos estos años que llevo en esto, les he dicho que soy mesera de Sanborn's y más o menos he salido librada. Pero ahora mi hijo tiene casi 15 años y varias veces me ha preguntado el número de teléfono de donde trabajo. He tenido siempre que inventar muchísimas cosas para que no descubra lo que hago. Fíjese, una vez casi le cuento la verdad. Después de haberlo pensado bastante me dije que ya no podía seguir mintiéndole. Lo que sucedió es que ya hacía varias noches que notaba que la luz de su cuarto estaba encendida, cuando llegaba por la madrugada. Enseguida pensé que sospechaba algo, y que era el momento de hablar con él con sinceridad. Pensé en dejarle una carta, y que por escrito, se me iba a facilitar. Entonces, comencé a contarle que cuando estaba a punto de casarme con su papá, después de seis meses de embarazo me enteré que estaba casado y que tenía otra familia con cinco hijos. Cuando me sucedió exactamente lo mismo con el padre de mi hija, que también estaba casado, me di cuenta que tenía que trabajar para sacarlos adelante. Sin estudios, ni cartas de recomendación, ni experiencia, no tenía mucho de dónde escoger. ¿Sabe cuántas veces intenté escribir la carta? Millones y jamás pude terminarla. Mientras la escribía, vivía en carne propia, su tristeza, su coraje, su decepción. Tuve miedo que al descubrir la verdad se fuera de la casa y terminara por odiarme. Yo creo que en nuestro caso, es mejor que nuestros hijos jamás se enteren. Por más que me considere feminista y muy liberal, no se puede luchar contra los convencionalismos de esta pinche sociedad hipócrita. A veces he pensado que ya sabe, pero que se hace güey, porque en el fondo me comprende. Pero que no se puede sincerar conmigo, porque al aceptarlo, perdería su ética moral. Sin haberle nunca escrito la carta, como que se la telepatié y desde entonces, lo siento como mi cómplice. Yo sé que esta situación no puede durar mucho tiempo.

¿Sabe lo que me da más miedo? Que un día alguno de sus amigos, me pueda reconocer. Entonces sí sería horrible. Mis compañeras están en la misma situación que yo. Seguido hablamos de este problema, pero por más vueltas que le damos, no encontramos solución. Sinceramente, me pregunto si la hay. Quizá lo mejor sería retirarse antes de que suceda, ¿no cree?

Fíjese que tengo un cliente que es muy diferente a los demás. A él tengo costumbre de platicarle todas mis cosas. Como es un señor muy culto, le pido consejo de todo. Es bien lindo. Dos veces al mes, me lleva a los mejores restaurantes y me dice: "Mira, Damita, esta carne se come con este vino rojo, estos cubiertos que parecen chuecos, son para el pescado. La servilleta se pone así". ¡Ay, es bien lindo, porque después de que me lleva a cenar y que paga unos cuentones que para qué le digo, me lleva a mi casa. Ese mismo señor me regala libros. Fíjese, hace como un mes, me suscribió a la revista *Proceso*, que para que estuviera al tanto de lo que sucede en el país. Dice que un día me va a llevar a Houston, para que conozca. Bueno, pues ese señor nunca se ha propasado conmigo. Dice que para eso están los clientes, que lo que quiere él es que yo aprenda a ser educada, porque nací siendo una dama. A fuerzas me quiere educar, porque según él, un día nos vamos a casar. El es viudo y tiene dos hijos casados, en Monterrey. No sé en qué trabaja. Cada vez que le pregunto, me cambia de conversación. Yo no sé de dónde saca tanta lana.

¿Que si me gustaría casarme y formar un hogar normal? Pues sí y no. Siento como que me cortarían las alas, pero a la vez estoy consciente que el tiempo pasa y que mi cuerpo ya no será el mismo. Por mis hijos, si me gustaría dejar este oficio, pero por mí no. ¿Sabe por qué? Es que soy re caliente...

Besos satánicos

——¿Les traigo lo mismo?, preguntó el mesero.

—¿Se toma otro, Paty?— inquirió el Sr. Gutiérrez con tono de voz ligeramente dulzón.

—¡Ay, Sr. Gutiérrez, es que soy pésima bebedora! Hasta el pastel envinado se me sube. ¡Se lo juro! Pero bueno, nos beberemos otros "toritos", dijo Patricia, entre divertida y dasafiante.

El mesero tomó la orden y se retiró.

—¿De veras no aguanta nada, nada el alcohol, Paty?

—Al revés, el alcohol no me aguanta a mí, porque cada vez que tomo más de la cuenta, me hace decir tonterías *this big*. Aparte, me pongo de lo más sentimental. Después de dos copitas, ni quién me aguante.

—No diga eso, Paty. ¿Cómo que por estar sentimental no la aguanta nadie? Yo creo que cuando se pone sentimental ha de ser todavía más simpática. Lo que sucede, es que el alcohol desinhibe. ¿No será que con algunas copitas de más es más usted misma? A lo mejor eso es lo que le da miedo.

—¡Ay, Sr. Gutiérrez, qué raro!, digo. Se lo juro que yo soy yo, con o sin alcohol. Entonces, ¿usted cree, que los alcohólicos son super auténticos? ¡Para nada! Justamente los que beben son los que huyen de su realidad, o sea, son unos sacones. Yo para pasarla super, para nada necesito beber. ¿A poco usted sí?

—Todo depende de la cantidad y de la motivación. Le confieso que un buen aperitivo antes de comer, es muy

143

sabroso. Pero todavía es más sabroso si la compañía es tan grata como usted...

Cuando Patricia escuchó aquello de "sabroso" y "grata como usted", no pudo menos que pensar: "¡qué horror, éste es el típico galán naco!" Sin embargo, siguió actuando con toda naturalidad, pues no quería parecer ante Gutiérrez como grosera. Esta era una comida de negocios y como tal tenía que transcurrir. Además, Gutiérrez había venido especialmente desde Guadalajara para tratar con ella el asunto relativo a los pedidos de las playeras que aún no habían sido entregadas a los clientes. Precisamente una de las responsabilidades de Patricia era la de coordinar que los pedidos fueran cubiertos puntualmente.

Patricia Yáñez era desde hacía seis meses asistente del director del departamento de ventas de Piamex, S. A. Era su primer empleo formal. Anteriormente había sido edecán, pero optó por buscar un trabajo más seguro para poder independizarse económicamente.

Por lo general, Patricia evitaba las comidas de negocios, pues le impedían llegar a tiempo a la universidad. Excepcionalmente, había aceptado la invitación del Sr. Raúl Gutiérrez, pues se trataba de un maquilador importante. Además, cada vez que venía a México, la invitaba a comer. "¡Ay qué pena!, Sr. Gutiérrez, pero es que no puedo. Otro día con mucho gusto", era siempre la respuesta.

—Bueno, Sr. Gutiérrez, ¿y hasta cuándo va a entregar, eh?

—Mire, Paty, si no hemos entregado no ha sido por falta de voluntad. Tuvimos muchos problemas con el hilo, nos lo mandaron tardísimo. Creo que estaremos enviando la mercancía a más tardar en dos semanas. Ya hablé con los compradores y los convencí que me esperaran. ¿Usted cree que a mí no me interesa vender?

—Claro que sí, Sr. Gutiérrez. Lo que pasa es que nos pueden cancelar los pedidos y eso sí que sería nefasto porque la línea Junior en los grandes almacenes estaría incompleta. Y si usted no entrega, a mí me echan de patitas a la calle. ¡Se lo juro!

—Yo a usted no puedo hacerla quedar mal. Además, si se queda sin chamba yo la contrato. Téngame confianza, Paty.

—*Okey*, Sr. Gutiérrez, le voy a tener confianza. Bueno, ¿y qué tal Guadalajara? ¿Es realmente padrísimo vivir en provincia?

—Es más que agradable, Paty. Guadalajara es en verdad, la Perla del Occidente. Aunque ya empezamos a tener problemas propios de una gran ciudad. ¿Ha estado usted por allá?

Mientras preguntaba, alzó el segundo "torito", de guayaba. "Salucita", dijo mirándola fijamente.

—*¡Híjole, ¿qué es eso de "perla del Occidente" y de "salucita". Este cuate es lo más cursi que he conocido.* Hace mucho fui a una boda con mis papis. Tengo primas que viven allá y a cada rato me invitan. Pero típico que nunca puedo ir.

—Si un día se anima a visitarnos, me permite ser su guía? La llevaré a conocer a la Virgen de Zapopan, a la Catedral que es tan hermosa, al Hospicio Cabañas. Después la llevaré a comer a "Los Cazadores". Luego, podríamos ir a Tlaquepaque. ¿Conoce Chapala?

—*Bueno, pero de veras cree este naco que si voy a Guadalajara, le avisaría. ¡Ni loca!* ¡Ay qué lindo, Sr. Gutiérrez. Bueno si voy yo le aviso. Mil gracias. En Chapala estuve hace muchos años en casa de mis primas. ¡Híjole, tienen una casa divina! Van todos los *week ends*. A lo mejor usted conoce a mi tío, se llama Rafael del Valle.

—Tal vez es pariente del Sr. Eulalio Valle. El es mi proveedor de hilo. Es por su culpa que todavía no entrego. Cuando venga a Guadalajara se lo presento.

—*Okey*. Y dígame, Sr. Gutiérrez, ¿qué tal le fue con las ventas de esta temporada?

—No nos fue tan mal, Paty. Ahora lo importante es que la mercancía se desplace bien en los almacenes. Espero que los resurtidos estén mejores que los pedidos iniciales. ¿A usted qué le pareció la colección?

—¿La neta? Me gustó más la de la temporada pasada. ¿Sabe de qué va a depender que se venda? De la publicidad. Si no se anuncia, no vende Sr. Gutiérrez.

—Es cierto, Paty, pero prefiero invertir dinero en la compra de hilo que en la publicidad.

—Pero si no vende, no tendrá dinero para comprar hilo. Bueno, pues cuando se decida, me avisa con tiempo y yo me encargo de las modelos y de las fotos.

—Claro que sí, Paty. Yo a usted le tengo mucha confianza. Tengo la impresión de que todo lo que hace, lo hace bien. Con el gusto que usted tiene, hasta se podría convertir en mi diseñadora. Oiga, qué bonita está su medalla de la Virgencita de Guadalupe.

—*Bueno y este idiota qué le pasa, por qué me toma la medalla con sus manotas prietas. ¡Viejo verde!* La verdad sí me gusta un chorro la moda, pero de eso a convertirme en diseñadora, como que no me late. Yo en realidad estoy estudiando para otra cosa.

—No me diga, Paty chula, para ¿qué?

—*Ay, estúpido, la proxima vez que me chulee, le echo encima el "torito".* Estoy estudiando Sicología en la Ibero.

—Aparte de trabajar todo el día, ¿estudia? Ahora sí que me apantalló, como dicen los muchachos. ¿Y cómo le da tiempo para tanta cosa?

—¡Ay, bájele, Sr. Gutiérrez!, ni que fuera para tanto. Es que nada más trabajo medio tiempo. O sea, que por las mañanas voy a la oficina, hasta las tres. Y a partir de las cuatro, voy a la Ibero. *Believe it or not,* ya voy en cuarto semestre.

—¡Caramba! La verdad, ¡qué bueno, Paty, que estudie y trabaje a la vez! Yo también, desde muy joven estudiaba y trabajaba para ayudar económicamente a mi familia. Por las noches iba al Poli. Allí me recibí de Contador Público titulado. Y lo que son las cosas de la vida, ahora me ocupo de vender playeras. ¿Qué le parece?

—*¿Dijo el Poli? ¡Guácala! Ni siquiera es de la UNAM.* Bueno, yo no es que ayude a mi familia. El dinero que gano es para mí, para pagar mis estudios, mi ropa, mi tintorería, mis viajes, en fin, todos mis gustitos.

—Entonces, ¿usted se costea su carrera?

—Bueno, no sé si me la "costeo", como dice usted. Yo me pago la Ibero y mis cosas. Me gusta ser independiente, es algo que me dije, desde que se murió mi papi. El murió justo antes de entrar en la Universidad.

—¡Cuánto lo siento, Paty! Y yo que pensé que usted era una muchacha que por pertenecer a su clase, trabajaba por puritito gusto. Y me estoy enterando de que es usted una mujer luchadora, universitaria y muy profesional. Permítame decirle que además de ser hermosa por fuera, es muy hermosa por dentro. ¡Qué cierto es aquello de: "caras vemos, corazones no sabemos".

—*Bueno, pero además de cursi, este cuate es de lo más rollero del mundo. Igual me está echando el can y yo aquí como idiota hablando de* business. *Para mí que es el típico mexicano que se cree galán. Pinche viejo coqueto.* ¡Ay, Sr. Gutiérrez, creo que al que se le subió el "torito", es a usted. El que estudie y trabaje no es nada del otro mundo. Tengo muchas amigas que hacen lo mismo. Claro que en la Ibero, hay unas que son unas vagas, que nada más se la viven en la cafetería para viborear o para ver qué ligan. Oiga, pues ¿qué concepto tenía usted de mí, eh? A mí me gusta chambear, estudiar y ganar mi lana. Bueno, igual estoy consciente que con esto ayudo a los gastos de mi casa. Aunque mi papi le dejó con qué vivir a mi mamá, el hecho de que yo trabaje, sí es un aliviane para ella. Además, como soy la mayor, como que eso cuenta, ¿no? Aparte tengo una hermana que estudia en el Regina, y mi hermano Santiago, que está en el Vista Hermosa. ¡Híjole, allí sí que las colegiaturas son super caras. ¡Ay pero qué pena, Sr. Gutiérrez, estoy hablando *too much.* Es que estos "toritos" son de lo más traicioneros. Le juro que pegan grueso. ¿No le importa si vamos pidiendo la carta? Hoy sí no quiero llegar tarde, porque tengo clase de Teoría de la Conducta. Es una materia que me encanta.

—¡Señor, señor! Por favor, ¿nos puede traer la carta? —pidió de inmediato el Sr. Gutiérrez. Enseguida se la trajeron, y los dos se pusieron a leerla con atención.

—¿Qué se le antoja, Paty chula?

—¡*Híjole, no es creíble! ¿A título de qué me chulea este cuate?* ¡Ay no sé, Sr. Gutiérrez. Algo ligerón, para que no me dé sueño en clase. A ver, a ver. ¡Ah sí. Ya sé! Unos tacos de pollo, pero sin cebolla.

—¿Nada más, Paty? Con razón está usted tan delgadita. ¿No se le apetece una botanita? ¿Por qué no se anima con unas chalupitas?

—Gracias, Sr. Gutiérrez, pero le juro que no tengo hambre. Es que en la oficina me comí un *Milky Way* y como que se me quitó el apetito. Nada más los tacos y ya, *please*.

—¡Señor, señor por favor! Mire: a la señorita, le trae unos taquitos de pollo sin cebolla. Y a mí, me trae una sopa de médula y una cecina con arroz. ¿No le importa, Paty, que empiece con una sopa? Es que en el avión no desayuné.

—*¡Híjole qué cerdo! Con razón tiene esa panza de pulquero. ¿Sopa de médula?* What in the hell is that ¡Guácala! ¡Ay para nada, Sr. Gutiérrez, coma lo que quiera.

—Y para tomar, ¿pedimos otra tanda de "toritos"? Si se pone sentimental, le presto mi pañuelo. Tenemos que celebrar nuestra primera comida de negocios. Ahora, ¿otro de piña?

—¡Híjole, Sr. Gutiérrez, usted sí que no se mide. Típico que después no voy a entender ni qué onda en mi clase. *Okey*, acepto, porque ya me prometió que iba a entregar las playeras a los grandes almacenes. Además, el amolado será usted, porque me tendrá que cargar. Oiga, Sr. Gutiérrez, acuérdese que todavía tenemos que pasar a la oficina por mi coche, ¿eh? Aunque no creo poder manejar en este estado. *Okey*, que venga el otro "torito".

—Ahora, tráigame unos de piña. Pero que estén bien espumosos, por favor.

—Oiga, Sr. Gutiérrez, y usted ¿qué onda, eh? Digo, aparte de fabricar playeritas, ¿en qué la gira?

—¡Uy, Paty!, yo la giro en muchas cosas. Lo de las playeras es una pequeña parte de mis actividades. Tengo una fábrica de velas y veladoras. Estoy asociado con un compadre en un negocio de super cocinas. También le hago a la exportación. Estoy en una compañía que manda artesanía de Tlaquepaque a Estados Unidos. Y tengo una pequeña participación en una fábrica de zapatos en León. En otras palabras, soy un Contador Público empresarial. Como le decía, empecé a trabajar desde muy chavito. Yo le hice de todo. Hasta torero fui. Con decirle que también fui locutor. Cuando me casé, nos fuimos mi mujer y yo a vivir a Mac Allen. Allí estuve trabajando como auxiliar del contador en un hotel. Es que mi cuñado trabajaba en ese hotel, era el que recibía y registraba a los huéspedes. En Mac Allen, nacieron mis tres hijos. Tengo dos varones y la mujercita, que actualmente está estudiando para agrónoma en el ITESO. Leopoldo, el mayor, ya se me casó y tiene dos chamaquitos. Como quien dice soy un joven abuelo. Pero ya no quiero hablar de mí. Cuénteme de usted, Paty.

—*¡Qué horror, hasta abuelito resultó! Entonces, ¿para qué la estará haciendo de galán? ¡Pinche pinta-cuerno! A ver ¿por qué no usa anillo de casado? En lugar de ese anillote con esa piedra morada, ¿ah, verdad? ¿Como cuántos años tendrá este viejo?* Bueno pero entonces usted se casó super joven, ¿no? Digo, para ser abuelo.

—A los 22 años, Paty. Chelo, mi esposa, tenía 19. Es que anteriormente, uno se casaba más joven. Ahora es diferente. Las mujeres dejan el matrimonio hasta que terminan su carrera. Así como usted. ¿Y la Paty, tiene novio?

—*¡Me doy! Este tipo además de ser un rabo verde, es super metiche. A él qué le importa si tengo o no novio.* Novio, novio, lo que se dice novio, no tengo, Sr. Gutiérrez. Tengo muchos amigos con los que salgo a las discotecas, al cine, a fiestas, pero sin compromiso. Es que por lo pronto, no estoy pensando en esas cosas. Lo que más me importa es terminar la Ibero y conseguir trabajo que tenga que ver con la sicología. Me encantaría poner mi propio consultorio y ser sicóloga de niños. Bueno, todavía no estoy muy segura, porque también me llama mucho la atención trabajar en un banco y encargarme de los exámenes de admisión sicológicos.

—Perdóneme mi ignorancia, pero ¿cuáles son las materias que se estudian en sicología?

—Bueno, pues llevamos un chorro, Sr. Gutiérrez. Mire tenemos: sicometría, sicopatología, sicología social, genética y endocrinología, teoría de la conducta. Y así muchas otras materias padrísimas. La neta, estoy feliz con la carrera. Fíjese, Sr. Gutiérrez, que desde que era chiquita, siempre me ha gustado analizar a la gente.

—Y a mí, ¿cómo me ve, Paty?

—¡My God, qué pregunta! Ni modo que le diga, que lo veo como el típico naco. ¡Ay no pobre! Es buena gente. Pero, ¿qué cosa le puedo contestar? ¿Que cómo lo veo? Pues este... como se dice. Yo lo veo, como a un hombre muy chambeador, que le gusta hacerla en la vida. Me lo imagino un super buen papá. En fin, un señor buena onda. Aunque sea un poquito impuntual para las entregas.

—Bueno ya le expliqué la razón de mi impuntualidad. Pero de veras, Paty, ¿me ve así? Es que a veces siento como que desconfía de mí. Usted se ha de preguntar por qué la invité a comer. Pero ahora, yo me pregunto, ¿por qué aceptó?

—¡Ay cálmese, ¿eh? Si acepté es que me dio pena decirle que no y además por mi trabajo, idiota. ¿Qué por qué acepté? Pues para hablar de la agenda de las playeras, de las entregas. ¡Ay qué tonta, ya ni sé ni lo que digo. Es que estos "toritos", están picudos. Yo acepté, Sr. Gutiérrez, para... cómo se dice... para ver lo de las entregas. ¡Ah, también acepté, por que íbamos a hablar de..., de ¿qué íbamos a hablar? ¡Ah pues de las camisetas, digo de las playeras. Bueno, y además, ¿por qué me pregunta por qué acepté? Qué, ¿creía que no iba a aceptar?

—Sí Paty, creía que no iba a aceptar. Por eso me siento tan feliz que me hubiera hecho el honor de aceptar. De hecho, la comida es para celebrar que por fin estamos comiendo juntos.

—¡Ay, Sr. Gutiérrez, qué onda con usted, eh? Se lo juro que me está poniendo nerviosa. Esta comida es para hablar de bussiness, ¿no?

—No sé. Quizá sí. Pero no hemos hablado mucho de negocios. Para mí esta comida es para estar con usted, hablando o no de negocios. Mire, ya llegó el trío. ¿Quiere que le pidamos una cancioncita para seguir festejando?

—¡Híjole, ahora sí ya se me fue el avión! Dígame, Sr. Gutiérrez, ¿qué estamos festejando?

—Que aceptara, por fin comer conmigo. Para mí es como una fiesta. ¿Cuál canción le gusta?

—*Es que no es cierto. Este idiota interpretó ¡pésimo! que hubiera aceptado. ¡Está loco!* Mil gracias, Sr. Gutiérrez. ¿Por qué no pide que traigan la comida? Ya ha de ser tardísimo.

—Antes pida la canción. Luego pediré la comida. Una cancioncita y ya, Paty. ¿Por qué me la desprecia?

—¡*Híjole, mejor le doy por su lado, porque o si no, nos vamos a enredar más.* Bueno, pues que toquen cualquiera de Los Panchos. Es que no me sé los títulos. Ay porfa, mejor usted escoja, Sr. Gutiérrez.

—¿Qué le parece "Rayito de Luna"? Por favorcito, toquénle a la señorita "Rayito de Luna". Espérense un momentito. ¡Joven, joven!, qué pasó con nuestra orden?

"Como un rayito de luna, entre la selva dormida, así la luz de tus ojos, ha iluminado mi pobre vida..."

Finalmente el mesero llegó con la comida. En tanto que la música continuaba, Patricia Yáñez se precipitó sobre sus tacos de pollo, pero antes escuchó:

—Buen provecho, Paty chula.

—*Provecho...¡su abuela!* Igualmente, Sr. Gutiérrez.

Entre cucharada y cucharada de sopa de médula, el Sr. Gutiérrez comenzó a cantar junto con el trío. Sin que se le hubiera pedido, el mesero trajo en esos momentos otros dos "toritos" de piña.

—*¡Qué horror, cómo se agacha sobre el plato para comer!* Oiga, ¿usted pidió otros "toritos"?

—Creo que no, Paty. A lo mejor son cortesía del "Hipocampo". ¿Qué tal están esos taquitos? Espero que no le hayan puesto cebolla.

—No, no tienen cebolla. Están riquísimos. ¡Híjole, tenía tanta hambre! Oiga, esta canción que se llama "Sin ti", también es de Los Panchos, ¿verdad? A mi mamá le encanta, porque dice que mi papi se la llevó en una serenata. ¡Qué buena onda? ¿No?

—¿Me permitiría llevársela ahora a usted?

151

—¿Llevármela como serenata a mi casa? ¡Ay no, Sr. Gutiérrez, porque mi mamá me mata!

—¡Ay qué chistosa es usted! ¿Cómo cree que le voy a llevar serenata a su casa? Ganas no me faltan, pero no la quiero perjudicar. No, lo que quiero decir, es que si se la puedo dedicar ahorita?

—¡Orale! Y luego yo les pido otra. ¿*Okey*?

—Usted manda, señorita.

"Sin ti, no podré vivir jamás. Y pensar que nunca más estarás junto a mí. Sin ti, qué me puede ya importar, si lo que me hace llorar, está lejos de aquí. Sin ti, no hay clemencia en mi dolor..." cantaba también el Sr. Gutiérrez, mirando fijamente los ojos azules de Patricia.

—*¡Qué horror!, ya es tardísimo. Y este cuate está hecho un orate. Es que no lo soporto. ¡Guácala!, sus bigotes están llenos de grasa. Además ya se ensució su horribilísima corbata con la sopa. ¡Híjole, juro que me están dando náuseas! ¿Para qué vine? Yo tengo la culpa.*

—¿Qué sucede, Paty, por qué esa carita de tristeza? ¿Por qué no se toma su "torito"? La va a relajar. ¿Qué le pasa? ¿Por qué me rechaza?

—¡Ay no, Sr. Gutiérrez, para nada! No diga eso, lo que pasa es que de pronto, me acordé de mi papi y como que me azoté. Además, estoy medio preocupada, porque ya es un poco tarde y todavía tenemos que pasar por mi coche a la oficina. Al contrario, yo le agradezco un chorro su invitación. Es que estos *drinks*, ya me están poniendo super sentimentalona.

—¿De veras, Patricia? Entonces, ¿no me rechaza? Dios la bendiga. Por un momento, pensé que me rehuía. ¿Sabe qué siento? Que se esconde tras de una máscara. Como que algo no le permite ser usted misma. La siento tensa, a pesar de los tragos. Quizá sea porque trabaja y estudia demasiado. La admiro, Paty. Usted vale mucho. ¿Qué es lo que no le permite soltarse, eh? Detrás de esa mirada tan viva e inteligente, está una niña triste, que necesita apoyo de alguien. Tengo la impresión de que en esos ojitos, hay muchas lágrimas retenidas y que están a punto de asomarse. Pero usted no lo permite, Paty, porque confunde su fuerza interior con un poquito de orgullo. Con todo respeto, le diré que tiene miedo de sentir. A pesar de sus 22 años, dentro de usted vive una mujer apasionada. Lo que sucede, es que prefiere pasar como la niña obediente y buena de mamá, que como la mujer fuerte y liberada que se está formando en su interior. Si le digo todo esto, es porque la respeto y la aprecio. Porque la he visto trabajar, porque la sé inteligente y sensible. Usted en su mundo, con sus amistades elegantes, es una, y cuando se encuentra solita, es otra. En su interior existe una lucha, que ningún libro de sicología puede resolver. Lo que necesita, Paty, es sentir, sentirse querida, deseada y protegida. Deje de estar jugando a la niña de la Ibero. Usted vale más que todas esas muchachas bobitas. Lo que necesita es un amigo en quien confiar. Alguien que la comprenda, que la aprecie, pero sobre todo que la respete. ¿Por qué me mira así, Paty chula? ¿Porque es verdad todo lo que digo? ¿Porque en el fondo todavía se pregunta por qué aceptó esta invitación? ¿Porque con su gran intuición, sentía que si me interesaba en usted, era por un interés sincero? Yo sé que usted y yo, no somos de la misma clase social. Perdóneme la expresión, pero no me hago pendejo. Sin embargo, hay algo que nos atrae a ambos, aunque usted parezca negarlo. ¿Sabe por qué nos atraemos? Porque nos parecemos. No, no haga esa carita de disgusto. En muchas cosas nos parecemos. A los dos nos gusta chambear, somos independientes, rebeldes. Nos gusta valernos por nosotros mismos. ¿No es cierto? Ya ve. Además me da la impresión de que es usted muy sensual. ¿Sabía que tenía una boca muy bonita? ¿Sabe que cuando sus ojos me miran, siento que me quieren decir algo muy profundo? La neta, como usted dice, está cansada de la Ibero, de las presiones de la oficina, de tener responsabilidades de hija mayor. ¿Por qué llora, Paty? ¿Dije algo que la ofendió? No, no quiero que chille. De veras que el alcohol la pone sentimental. Tome mi pañuelo yo también me voy a poner a chillar para acompañarla. ¿Quiere que vengan otra vez los del trío? O mejor les pedimos a los del conjunto jarocho que le toquen la Bamba? Discúlpeme. Por Dios que no fue mi intención ofenderla.

—Híjole, ahora sí ya se me subieron los toritos. ¡Ay pobre cuate! Será muy naco, pero no es mala onda. A mí nunca me habían hablado así. Es de lo más tierno este señor. Super humano como que entiende un chorro de cosas. ¡Híjole su pañuelo huele a una agua de colonia super-cheap. ¡Ay para nada, Sr. Gutiérrez! ¡Híjole!, el que debería de ser sicólogo es usted. ¡Se lo juro! Ahora sí que usted no habla como el típico contador. Me cae, que usted tiene un corazón this big. La neta que todo lo que me dijo, me llegó mucho. Se lo juro, Sr. Gutiérrez, que me acaba de dar una super lección. Esta comida, no la voy a olvidar ¡never! Tiene usted mucha razón en un chorro de cosas. ¿Sabe lo que más deseo? Sicoanalizarme. Pero es que es carísimo. Es cierto que a veces siento que no sé ni qué onda conmigo. ¡Se lo juro! A pesar de que estoy super feliz en la Ibero, en mi trabajo, en mi casa, aunque me llevo más o menos bien con mi mamá, con mis hermanos, que tengo un chorro de amigos, que salgo, que me invitan y todo, le confieso, Sr. Gutiérrez, que en mi interior siento un vacío horrible. No sé por qué. Como que le tengo miedo a algo. Con decirle, que hay días en que me encierro en mi recámara y me pongo a llorar y a llorar, sin motivo. Es que a veces me da lástima mi mami. La siento como una desprotegida e indefensa. ¡Pobrecita, dependía tanto de mi papi! Para colmo, Marcela mi hermana es una idiota inconsciente, floja, que no le importa nada. Es la mujer más egoísta que he conocido en mi vida. Está en la típica adolescencia, ya sabe cómo. Luego también me preocupa mi hermanito. Es que tiene un chorro de dificultades para aprender en el colegio. Ya van dos veces que reprueba el sexto. Se lo juro que desde que murió mi papá, en esa casa no damos una. No me lo va a creer, pero hasta la fecha todavía andamos como desconectados, como si entre nosotros fuéramos unos extraños. Nos hablamos sin escucharnos, nos vemos sin mirarnos. ¿Me entiende? Eso me deprime un chorro. Es que mi papá era nuestro centro, donde toda la familia se unía. El era todo, todo en la casa. ¡Ay, Sr.

Gutiérrez le juro que lo extraño como enajenada. A veces me siento tan sola, tan confusa.

—Ya, Paty chula, no llore. Créame que comparto su tristeza. Tiene usted las manos heladas. ¿Quiere que le preste mi saco? Tenga paciencia. Todo lo compone el tiempo. Solamente el tiempo puede ayudar a matizar el dolor, el de su mamacita y sus hermanitos. Piense que usted es muy afortunada, porque es inteligente, positiva, tiene un trabajo, metas que cumplir y muchos amigos que la buscan. Además, todavía conserva a su mamacita, eso es algo que debe usted de aquilatar. Quizá unos días en Guadalajara la harían relajarse.

—*Estoy loca de contarle todo esto, además ya le salió su aspecto pinta-cuerno. El Sr. Gutiérrez estaría perfecto para ilustrar el trabajo que nos pidió Carlos, de la sicología del mexicano.* ¡Ay no, Sr. Gutiérrez, no puedo ir. Es que dentro de tres semanas empiezan los exámenes semestrales. Ay, por cierto, ¿no le importa, si pide la cuenta? Es que ya es tardísimo. A ver si alcanzo la clase de Teoría de la Conducta. Además, tenemos que pasar por mi coche. O si no, ¿sabe qué? ¿me podría llevar directamente a la Ibero? Y después le pido a un amigo, que me dé un aventón hasta la oficina. ¿No le importa?

—De ningún modo. Con mucho gusto la llevo a donde usted quiera, siempre y cuando me guíe porque conozco muy mal la ciudad.

—¡Ay qué lindo, Sr. Gutiérrez! Yo lo guío. Es por la salida a Toluca. Híjole, qué pena que me haya visto como María Magdalena. Típico que ya se me bajó el rímel. Se me ha de haber puesto cara de ombligo. ¿Verdad Sr. Gutiérrez?

—Se ve usted muy bonita sin pintura. A mí me gusta más así, se ve más natural. ¿No quiere un postrecito? ¿Un café?

—¡Híjole, Sr. Gutiérrez!, qué bueno que no me preguntó si quería otro "torito", porque le juro que si me tomo otro de esos "animalitos", ya no podría ni pararme de mi silla. ¡De veras, Sr. Gutiérrez! No se ría. Estoy dronquísima. Lo que pasa es que hago todo lo posible para que no se me note. No la verdad, ya me tengo que ir. Le prometo que cuando vaya a Guadalajara, yo invito los postres en "Los Cazadores". ¿*Okey*?

—¿Por qué no se toma un cafecito de olla? Quizá la hará sentirse mejorcita.

—*¿Por qué al hablar, utilizará tanto diminutivo? Estoy segura que es muy del pueblo. Le voy a preguntar al maestro.* En buena onda, Sr. Gutiérrez, ya no me da tiempo. Después de la clase, me voy de volada a tomar uno a la cafetería. Espero que en la Ibero nadie se dé cuenta de mi terrible estado. ¿Se da cuenta el oso que haría si al maestro se le ocurre preguntarme algo?

—¡Qué le importa lo que digan los demás! Piense, Paty, que usted es usted y mucho más valiosa que todos ellos.

—*All right* Sr. Gutiérrez, le prometo que voy a pensar eso. ¡Ay, qué lindo!

El Sr. Raúl Gutiérrez pidió la cuenta. La pagó con su tarjeta Carnet. Solicitó una nota de consumo, con el IVA desglosado. Y junto con Patricia Yáñez, se dirigió hacia el estacionamiento del restaurant. Allí pidió el coche marca Phantome 1987, color vino.

Cuando Patricia subió al coche, de inmediato la envolvió el olor del agua de colonia del pañuelo del Sr. Gutiérrez. Era English Leather. Sólo en ese momento se dio cuenta que el aroma no le desagradaba. No, incluso le gustó. Pero lo que más le gustó, es descubrir que le gustaba. ¿Será porque de pronto se sintió sumergida en un mundo masculino, seguro y diferente? ¿O habrá sido por los efectos de tantos "toritos"?

—La neta, que su coche es super elegante.

—No es mío, Paty. Es de mi compadre Leonardo. Siempre que vengo al Distrito Federal, me facilita uno de sus carros. Mire cuántos casets tiene en la guantera. ¿Por qué no escoge una, para escucharla?

—¡*All right*! ¿La que sea? Híjole, ya hasta me dio hipo. *Okey.* Mire tiene de ...Yuri, Verónica Castro, Vicente Fernández, de José José, de Pirulí, Pobre, ése ya se murió. A ver, voy a buscar una de Julio Iglesias. No, no tiene. Chance y tiene una de Luis Miguel. ¡Ay no! Tiene puras de viejitos, de boleros y rancheras. Ay mire, ¡ya encontré una padrísima! Es de los Caifanes. A ver si la reconoce. En el Bandasha, la tocan *all the time.*

—¿Qué es el Bandasha, Paty?

—Es una disco muy padre. A ver, explíqueme cómo se pone este chunche. Yo nada más sé manejar los estéreos americanos. ¿No la reconoce? Bueno, es que es el principio. Va a ver cuando empiecen a cantar.

"Estoy tan enamorado de la Negra Tomasa. Cuando se va de casa, triste me pongo. Estoy tan enamorado, de mi negra preciosa. Cuando se va de casa triste me pongo."

—¿No es padrísima, Sr. Gutiérrez? ¡Me fascina! Es que es de lo más cachonda. ¿No le parece?

Los "toritos", la conversación, el olor a English Leather, la voz varonil del Sr. Raúl Gutiérrez, los Caifanes y la Negra Tomasa, hicieron que Patricia Yáñez se olvidara, precisamente en esos momentos, de Piamex, S.A., del Sr. Hernández, su jefe; de la entrega de las playeras a los almacenes, de la Ibero, de su clase de las cuatro de Teoría de la Conducta, de su maestro Carlos, de su mami, de su hermana Marcela, de los problemas de su hermanito, y hasta de Paty, la niña de la Ibero, la niña obediente y responsable de su casa. El Sr. Raúl Gutiérrez tenía razón, ella no era como sus compañeras bobitas de la universidad. Ella sabía sentir la música. Ella tenía ganas de vivir, de dejarse ir. Por eso, sumida en medio de esas notas musicales se puso a cantar. A cantarle a la vida, ¿Y por qué no, cantarle a Raúl Gutiérrez?

"¡Ay, ay, ay! Esa negra linda que me tiene loco, que me come poquito a poco. Estoy tan enamorado de la Negra Tomasa. Cuando se va de casa triste me pongo. ¡Ay, ay, ay! Esa negra linda, que me tiene loco, que me come poquito a poco. La, la, la. Mi negra linda, nunca me dejes. Ay, mi negra linda, nunca me dejes".

Pero Patricia no nada más cantaba desde el fondo de su corazón, sino que al mismo tiempo hacía oscilar su cuerpo, siguiendo el ritmo y la cadencia de la música. Por momentos, entornaba sus ojos azules y sacaba ligeramente aquella boquita que parecía quebrarse de sensualidad. El Sr. Gutiérrez la miraba encantado, sorprendido, pero sobre todo excitado. Observaba cómo el pequeño busto de Paty, subía y bajaba a través de su playera negra de marca Sexy Jeans. Su minifalda parecía más corta, cuando se encontraba sentada. Sus medias de lycra negras, figuraban quizá al Sr. Gutiérrez, las piernas de la Negra Tomasa. De pronto, se terminó la canción justo cuando llegaron al entronque de Patriotismo y Revolución. El semáforo estaba en rojo. Un brevísimo silencio reemplazó el ruido de la música. Súbitamente, Patricia reaccionó, se bajó la falda con sus dos manos y dijo:

—¡Ay qué pena, Sr. Gutiérrez! ¿Qué va a pensar? Conste que le advertí que no era buena bebe...

Cuando Patricia quería decir "bebedora", fue interrumpida. El Sr. Gutiérrez le hizo girar con todo cuidado su cara hacia la suya y le dio un beso en la boca. Un beso tibio y tierno. Un beso lleno de comprensión y de solidaridad hacia aquella niña de la Ibero, que como ella misma afirmaba, "no sabía ni qué onda con ella". Patricia no opuso ninguna resistencia. Con su conciencia aparentemente aturdida, sintió la carnosidad de los labios del Sr. Gutiérrez. Muy suavemente, también sintió el filo de los bigotes. Sintió su cosquilleo, y le gustó. Pero lo que más le gustó fue descubrir que también a su cuerpo le gustaba. Sin embargo, no se permitió tanto gusto. Le dio miedo. ¡Guácala, tiene aliento a sopa de médula!, pensó, como para espantar lo que estaba sinceramente sintiendo. Todo sucedió lo que dura un alto, vino el siga y tuvieron que separarse. La cassette continuaba tocando música tropical. Ninguno de los dos hablaba.

—¡Híjole!, ahora sí que no me medí. ¿Habrá sido un lapsus de mi parte? ¿Qué, estoy loca o qué? ¿Por qué me reaccionó así mi inconsciente? Ni modo, me ganó mi libido. Soy una estúpida. Es mi culpa. ¿Para qué acepté? Y ahora, ¿qué le digo a este imbécil, pinta-cuerno, viejo verde, galán de quinta. ¡Híjole, nunca me imaginé que los "toritos", fueran tan traicioneros! ¡Qué pena, Sr. Gutiérrez! Pero de plano, se me subieron. ¡Qué mala onda, Sr. Gutiérrez, porque ni cuenta me doy de lo que hago!

—Patricia por favor no me diga eso. Fue muy bello, Paty. La sentí tan cerquita a mí, tan tierna. En esos momentos tuve tantos deseos de protegerla, de apapacharla. Que no le de pena, Paty. ¿Usted cree que no la entiendo? Lo único que le pido es que me tenga confianza. Yo la respeto, y jamás sería capaz de lastimarla.

—*¡Ay sí, ché briago! "No la quiero lastimar", y bien que me plantó un beso todo ensalivado, ¿verdad? Ay, pobre de su esposa. ¿No le dará vergüenza? Macho tercermundista, nada más porque acepté ir a comer con usted, cree que ya me puede besuquear. ¡Guácala! Además ni me gustó su pinche beso. Para mí este naco es como un diablo. Si los diablos besaran, besarían como él.* Yo sé, Sr. Gutiérrez. Si usted ha sido de lo más lindo conmigo. Lo que pasa es que he tenido un chorro de trabajo. Ultimamente he estado super tensa, por eso como que me hizo más efecto el alcohol. No sabe lo que le agradezco que me lleve hasta la Ibero.

—¡Ay Paty!, pero, ¿por qué me agradece esas cosas? A partir de hoy usted y yo somos cómplices.

—*I beg your pardon. ¿Yo cómplice de un naco? ¡Primero muerta! Además, a título de qué me toma la mano este estúpido. ¿Qué hago, se la quito o se la dejo? Ay, en el fondo, como que me da lástima. A la mejor no es tan de mala fe. Su problema es que reacciona como el típico mexicano. Eso lo estudié en el libro de Rogelio Díaz-Guerrero. ¡Híjole, el Sr. Gutiérrez estaría perfecto como modelo para el trabajo que nos dejó Carlos. Creo que lo mejor es observar su comportamiento. ¿Qué cosas dice? ¿Cómo reacciona? Este trabajo podría intitularlo: "Caso del típico mexicano que se comporta como galán, a pesar de su avanzada edad". Ahorita debo de estar de lo más* cool, super relax, *y muy alerta, para ver qué onda, con este idiota cara de ídolo.* ¿De veras no lo estoy desviando? Acuérdese que la Ibero está hasta arriba del Paseo de la Reforma. Si salimos por donde dice Lomas, está perfecto. Oiga, Sr. Gutiérrez, de casualidad no tiene unos chiclets de menta. Es que todavía tengo el sabor de los "toritos" en la boca.

—Desgraciadamente, no traigo conmigo, Paty. Pero ahorita en el primer alto, compramos. ¿Sabe qué? Que a mí me gustaría que en la boca, mejor tuviera mi sabor que el de los tragos. Porque yo si conservo su sabor entre los míos. Y créame, es dulcísimo.

—*I can't believe it. Llegando a mi casa, lo primero que voy a hacer es lavarme los dientes.* ¡Ay Sr. Gutiérrez, usted sí que es un romántico en serio. Debería de escribir poemas. ¿A usted le gusta la literatura, Sr. Gutiérrez?

—Sí ¡cómo no! Me gustan mucho Emmita Godoy y Luis Spota. ¿Los conoce?

—Me suenan. Yo ahorita estoy terminando *Confesiones de una máscara*, de Mishima.

—A esta escritora no la conozco. ¿Es francesa?

—¡*Pobre*! ¡Para nada, Sr. Gutiérrez! Es un escritor japonés, que fue homosexual y que se suicidó. ¡Es padrísimo!

—Ah. ¿Y por qué lee libros de maricas? Le va a dar Sida. No, no es cierto. Oiga, Paty, ¿por qué no me llama por mi nombre? ¿No se le hace muy distante lo de Sr. Gutiérrez? Ya ve, yo le digo Paty, y usted no protesta. ¡Qué manos tan suavecitas tiene Paty!

—*Porque usted es un ruco. Y además no somos iguales, ¿Okey? Mejor le retiro mi manita.* Híjole, no sé si me nacería con facilidad. A la mejor con el tiempo, un día se me sale decirle por su nombre.

—¿De veras, Paty? ¿Tengo esperanzas?

—¿Esperanzas de qué, Sr. Gutiérrez?

—De tratarnos más, de conocernos más a fondo.

—*Take it easy, cuate.* A la mejor sí. Todo depende...

—¿De qué? Dígame, ¿de qué?, por favor.

—De un chorro de cosas, Sr. Gutiérrez. No sé a la mejor, yo me muero esta noche y entonces ya no es posible.

—Patricia, le suplico, no se burle de mí. Le repito, en mí tiene un verdadero amigo. Acuérdese lo que le dije a la hora de la comida.

—Mire, mire, allí está la salida a Las Lomas. Si quiere váyase pegando hacia la derecha porfa. ¡Híjoles!, ¿sabe qué horas son Sr. Gutiérrez? Las cuatro y cuarto. Si llego a las cuatro y media, nada más voy a tener media hora de clase de la Teoría de la Conducta. Bueno pero después tengo, Sicología Evolutiva. Esa materia también es increíble.

—Me gusta su entusiasmo, Paty. Yo le aseguro que usted llegará a ser la sicóloga de niños más importante del país.

—¡Ay qué lindo, Sr. Gutiérrez! Usted sí que es buena onda. Y usted, Sr. Gutiérrez, se convertirá en el fabricante de playeras más importante del país. Va a ver cómo muy pronto va a exportar. Acuérdese de mí.

De nuevo el Sr. Gutiérrez le tomó la mano, oprimiéndosela levemente. Esta vez, Patricia no se la retiró. El calorcito que brotaba de la mano del Sr. Gutiérrez la reconfortaba de algo, que ella misma no se explicaba. De repente, se terminó la casett de los Caifanes. Y el Sr. Gutiérrez puso la de José José. Poco a poco, la música se fue haciendo cada vez más suave. Patricia recargó la cabeza sobre el respaldo del asiento y cerró los ojos.

—*Híjole me siento tan cansada. Es que anoche me acosté a las tres de la mañana. Si pudiera dormirme un ratito antes de llegar a la Ibero, sería increíble.* Es todo derecho, Sr. Gutiérrez.

—¿Por qué no se duerme un ratito, Paty? Trate de descansar. Le va a hacer mucho bien. Ya no me tiene que guiar. Ya sé que tengo que ir hasta la salida de la carretera a Toluca. Yo conozco por allá. Cuando estaba en el Poli, me gustaba irme con mi carcachita hasta allá. Duérmase, chula.

Las canciones de José José y los efectos del alcohol, arrullaron a Patricia. Mientras tanto, el Sr. Gutiérrez la observaba de reojo con mucha ternura. Cuando frenaba, lo hacía con sumo cuidado. El reloj del tablero del coche, marcaba las 4:25. El tráfico en Reforma era relativamente fluido. Sin embargo a la altura de Palmas, la circulación se hizo más difícil. La expresión del Sr. Gutiérrez era de una gran serenidad.

Finalmente el coche se detuvo. El Sr. Gutiérrez, retiró las llaves de la marcha. Apagó la casetera. Y esperó en silencio, mientras miraba a Patricia dormir. Lentísimamente, su mirada recorría aquel rostro joven, sin arrugas, de cutis liso. Admiraba la nariz, las cejas perfectamente bien delineadas y depiladas, las pestañas negras y tupidas. De pronto, cuando sus ojos llegaron a la altura de la boca, sintió ganas de volverla a besar. Pero temió despertarla. Vio su

161

pelo largo, rubio y brillante. Apreció su cuello fino. Poco a poco, se fue acercando hacia Patricia y aspiró el aroma fresco de su perfume. Era el de Colors, de Benetton.

—Ya llegamos, chula, le dijo al oído muy suavecito.

—¿Qué onda? ¿Ya llegamos? ¿Tan rápido? ¿Qué horas son? Ay, Sr. Gutiérrez, éste no es el estacionamiento de la Ibero. ¿A poco se perdió?

—Ya van a ser las seis. Ya no llegaste a tu clase. Mejor vamos a que descanses.

—¡Ay bájele, Sr. Gutiérrez! ¿Que descanse dónde? ¿Dónde estamos, eh?

—Estamos muy cerquita de la Ibero. Decidí venir a este hotel para que durmieras un poquito, porque todavía está usted, señorita, medio borrachita.

—¿De veras se me nota mucho? Ay, qué pena, Sr. Gutiérrez. ¡Qué mala onda!

—Mira, nada más te reposas una horita y después te llevo a buscar tu coche. Sería muy imprudente dejarte ir así a la Ibero.

—¡Ay sí, chance tenga razón! Me siento totalmente embrutecida hasta tengo ganas de vomitar. ¿A poco esto es un motel?

—Sí , es un cuarto donde puedes descansar. Aquí podrás tomarte un Alka-seltzer.

—Pero, ¿seguro me lleva después por mi coche, eh?

—Pierde cuidado. Anda vamos. Permíteme abrirte la puerta del coche.

—*¡Híjole ya hasta me habla de tú! La verdad es que me siento de la cachetada.* Mil gracias Sr. Gutiérrez, pero yo puedo caminar solita, si no estoy tan ahogada.

El coche del compadre Leonardo había sido estacionado en una pequeña cochera que conectaba directamente con el cuarto que se utilizaría. En el fondo, una pequeña puerta llevaba a unas escaleras que subían a la recámara.

Al entrar, les asaltó un olor a desodorante de violetas, como el que se utiliza en los baños de algunos restaurantes no precisamente elegantes. Patricia no pudo evitar pensar ¡guácala! A pesar de sentir efectivamente ligeras náuseas, examinó con cuidado el cuarto. Cubría la cama matrimonial de apariencia sumamente dura, una colcha floreada, de dubetina con colores chillantes. La pintura de la cabecera y de los burós laterales, parecía estar a punto de escarapelarse, al mínimo movimiento. Un tocador, con una gran luna, estaba contra la pared, en medio del cuarto. Las cortinas eran de tela delgadísima, color verde olivo desteñido. En un rincón, a un lado de una ventana que daba hacia las demás cocheras, había una televisión Majestic, de los años 70. La alfombra estaba gastada y sucia con manchas amarillentas. A un lado, la puerta del baño abierta, dejaba ver la esquina de un lavabo color lila y un excusado sin tapadera. Del toallero pendía una toallita percudida, por haber sido lavada un millón de veces, había perdido la felpa, no obstante era de la marca La Josefina, "que sí secan desde nuevas".

El Sr. Gutiérrez se quitó el saco y lo puso sobre el respaldo de una silla de cromo, forrada con tela plastificada amarilla. En mangas de camisa se veía más gordo y su vientre, considerablemente abultado. Patricia prefirió cerrar los ojos. Ella se encontraba de pie a un lado de la cama. Todavía colgaba de su hombro su gran bolsa negra, donde guardaba algunos libros de sicología. ¡Cuánto le pesaba en esos momentos! no sabía qué hacer, si correr al baño y encerrarse con llave, si lanzarse sobre la cama o dar la media vuelta y salir de aquel cuarto que apestaba a pecado y que resultaba tan lejano y tan diferente al suyo, decorado al estilo de la revista americana *House and Garden*. De pronto, escuchó música. Puesta seguramente desde la administración del Motel Palo Alto. Era la estación Radio Joya. Finalmente, optó por sentarse en un extremo de la cama. Su cara se veía tensa y pálida.

—Permíteme quitarte los zapatos, mi Paty chula, para que te recuestes.

— ¡Ay no, qué raro, Sr. Gutiérrez !

—Raro, ¿por qué? porque quiero que descanses, que te relajes. Pero, ¡qué piececitos tan fríos tiene la Paty! Con unos masajitos pronto estarán calientitos, calientitos como tamales dulces. ¡Así, así !...

Patricia se puso en manos del destino o en manos del Sr. Gutiérrez, aunque fueran gordas y prietas. Eso en esos momentos no importaba, porque efectivamente, estaban contribuyendo a que sus pies recuperaran su calor.

—*Si me viera mi mamá. ¡No, no, no! Si me mirara por un hoyito y descubriera a su Paty linda, sentada en esta pinche cama en este motel. ¿Qué pensaría? ¿Habrá ido ella alguna vez a un motel? Estoy segura que ¡para nada! Mi mamá es tan reprimida la pobrecita. ¡Está traumada! Las monjas del colegio en San Luis Potosí la traumaron. ¡Pobre de mi papi! A güevo quería que todas las noches leyera* Camino *y yo lo leía, y lo leía. ¿Y para qué me sirvió? Todo el día me friega: "¿a qué horas llegaste anoche?" "No me gusta que vayas a discotecas." "¡Qué ejemplo le estás dando a Marcela!" Me tiene hasta el gorro con su desconfianza. No quiero imaginar cómo reaccionaría en estos momentos si me viera con un "pelado" como ella llama a los nacos. ¡Ay caray, este viejo ya me está quitando mi panty. ¡Qué pena!, traigo unos calzones super viejitos. ¡Híjole, ya no sé ni qué onda conmigo! ¿Cómo me dejo hacer todo esto? Que me vieran mis cuates del Quetzal. En el fondo todos ellos son una bola de idiotas. Me aburren, siempre hablan de las mismas mamadas. La neta que ninguna de mis amigas se permitiría una experiencia así, son unas saconas. Todo el día se la pasan viboreando a todo el mundo. Yo no qiero ser como ellas. Yo no soy como ellas. ¿Cómo soy? De pensar que ahorita están en clases. Seguramente Eugenia está haciendo las mismas preguntas mamonas. ¿Qué hora será?*

—Hazte tantito para allá. ¿Por qué no te quitas la falda, eh? ¿Te quieres quitar primero el suetercito? ¿Sí? Déjame ver tus chichis. ¿Sí?

—*¿Chichis? Eso ha de ser náhuatl. ¡Qué interesante! Este cuate habla náhuatl. Se llaman: bubis, naco asqueroso.* ¡Ay, Sr. Gutiérrez, yo creo que mejor nos vamos! Ya me siento mucho mejor. Yo no estoy impuesta a venir a estos lugares. Usted me dijo en el restaurant que no me quería perjudicar. En buena onda, Sr. Gutiérrez, mejor vámonos.

—¿Qué pasó, Paty chula? ¿Qué no ves que ya me la estás parando? ¿Por qué no la sientes? Mira. ¿Te gusta?

—*¡No lo puedo creer! ¡Lo tiene morado! Mejor cierro los ojos. Ahora sí creo que voy a vomitar.*

Con los ojos cerrados, Patricia comenzó a recordar lo que solía leer en *Camino:* "Ama a la Señora. Y ella te obtendrá gracia abundante para vencer en esta lucha cotidiana. Y no servirá de nada al maldito esas cosas perversas que suben y suben, hirviendo dentro de ti, hasta querer anegar con su podredumbre bienoliente los grandes ideales, los mandatos sublimes que Cristo mismo ha puesto en tu corazón".

"Que suben y que suben", se decía mientras el Sr. Gutiérrez la penetraba, la aplastaba con aquel vientre, la aturdía con aquel aliento a médula. Patricia abrió los ojos y vio sobre de ella esa mole de carne morena. Con asco, veía que del cuello del Sr. Gutiérrez colgaba una enorme verruga. "¡Guácala, guácala, guácala!", pensó con un nudo en la garganta. En medio de aquel pecho velludo, se asomaban dos pezones enormes como uvas moradas que se frotaban contra los pezoncitos de Patricia. Entre tanto, en Radio Joya, se escuchaba la voz del locutor anunciando una canción de Juan Gabriel.

—¡Muévete, niña babosa! ¡Aflójate, pareces palo! Ya me voy a venir, ya me voy a ve...

No pudo terminar el Sr. Gutiérrez de decir "venir", porque ya se había venido. Patricia, totalmente paralizada, conservaba los ojos cerrados. De repente sintió que las lágrimas se le escurrían hasta llegar a las orejas. Poco a poco sentía cómo se le metían en el oído.

—*¡Qué asco, qué asco, qué asco! ¿De esto se trata la sicología del mexicano? ¿Por qué no mejor llamarla "La sicología del naco asqueroso".* Compermiso, Sr. Gutiérrez, es que quiero ir al baño.

—Pero antes dime si te gustó.

—*No comments,* Sr. Gutiérrez. Ahorita vengo.

De un salto, Patricia llegó al baño. Aún conservaba su minifalda; el resto de su ropa yació tirada en desorden sobre aquel tapete sucio, revuelta con la del Sr. Gutiérrez. Recargada contra el lavabo, acercó su cara palidísima hacia el espejo y se miró fijamente. Por primera vez en su vida, se vio frente a frente. También por primera vez se descubrió una mirada triste.

—¡Qué horror!, todo esto es como una pesadilla. Ahora sí, que ¿qué onda conmigo? ¡Guácala, qué espanto! ¿Y si me da sida? ¿Con cuántas viejas no se habrá acostado este estúpido? ¡Oh my God! ¿Qué voy a hacer? I am completely out of my mind. Si me da sida, me lo tengo bien merecido. Por pendeja, por estar bebiendo "toritos". Tengo ganas de vomitar. ¡Qué horror! Me voy a meter el dedo, porque tengo que devolver. Pero, ¿qué diablos me pasó? Es que yo debería de estar en la Ibero. Ya es tardísimo. Es que esto es de locos. ¡En qué estado quedó mi falda! ¿Y mi coche? Tengo que pasar por mi Golf. A lo mejor, ya se lo llevó la grúa. ¡Ay no, yo no le voy a pedir a ese degenerado que me lleve a buscarlo! ¡Qué asco! ¡How disgusting! Para mí, que este viejo es el diablo en legítima persona. Ya me imagino lo que ha de haber pensado "ahora me cojo a esta güerita". ¡Indio patarrajada! ¿Y si le cuento al Sr. Hernández para que ya no sea nuestro maquilador? Mañana renuncio. ¿Qué hora será? ¡Híjole, ya son cuarto para las siete! Ni de chiste voy a salir esta noche con Eduardo Barrenechea. ¿Con esta cara? ¡No estoy loca! Llegando a la casa le hablo por teléfono para cancelar. ¡Ay, qué pena! ¿Y si me baño aquí para quitarme la peste de ese indio? ¡Ay no qué horror! Típico que aquí el agua ha de estar super contaminada! Y luego con esta toallita, ¡guácala! Mejor salgo, y le digo al estúpido de Gutiérrez que nos vayamos right away. Si no quiere el imbécil, me voy corriendo. ¡Ay, que por favor ahorita no me vaya a salir con sus pendejaditas de Paty chula, porque me lo madreo!

Al salir del baño, y a pesar de que el cuarto estaba prácticamente oscuro, el reflejo de un farol de la calle lo iluminaba ligeramente. Gracias a él, Patricia pudo ver al Sr. Gutiérrez completamente dormido. Sus ronquidos eran fuertes y regulares. Su respiración parecía apacible. Su cuerpo se veía totalmente relajado. En medio de unas piernas bien abiertas, flacas y medio velludas, yacía fatigado sobre el muslo izquierdo, un miembro chiquito y completamente arrugado.

La habitación número 21 del motel Palo Alto, no muy lejos de la Ibero, olía a semen, confundido con un ligero aroma a violetas.

Primero las damas

Se llama Oscar Ignacio José Cabrera Tenorio. Tiene 54 años y es agente de seguros en el Grupo Nacional Provincial. Don Oscar, como le dicen, se distingue entre sus compañeros de trabajo, por ser una persona sumamente respetuosa, amable, fina y educada. "Don Oscar, ¡es una dama!", exclaman sus jefes, colegas, clientes y conocidos.

Desde hace 27 años, Oscar Cabrera llega a la oficina exactamente a la misma hora. Solamente una vez, se le vio llegar corriendo, con 10 minutos de retraso: esa mañana no habían sonado ninguno de los dos despertadores que acostumbra poner, por si alguno fallara. En aquella ocasión, ninguno de los dos sonó. Por más que trató de encontrar una explicación, jamás descubrió el motivo de la falla. "Así es la vida, uno no puede predecir lo impredecible", concluía diciendo siempre que narraba esta anécdota.

Por las mañanas, al entrar a la oficina, saluda a todos con una cordialidad que parecería afectada o cursi, si no viniera del Sr. Cabrera, que tiene como hábito tratar del mismo modo, desde el portero del edificio, hasta el director de la compañía. "¿Cómo amaneció hoy, Chelito", le pregunta a la recepcionista. "¿Cómo le va, Jesús?", le dice a Chucho el portero. "Muy buenos días tenga usted", repite una y otra vez a todos aquéllos con los que se encuentra en su camino, antes de llegar a su cubículo. Cada vez que sale, pues tiene muchas citas en la calle, se despide de todo el mundo con la misma gentileza. Cuando no lleva mucha prisa, se informa de la familia o de la salud de los demás agentes o de las secretarias. Sin duda con quien es más atento y caballeroso, es con las mujeres. Con ellas, incluso se permite ser galante. Cuando lo saludan: "¿Cómo está don Oscar?", siempre responde: "No tan bien como usted". No hay nada que le dé más gusto, que alguna de estas compañeras le haga confidencias. Las escucha con atención y procura darles consejo: "Ay, don Oscar, qué lindo por preguntarme cómo voy con mi novio". "Usted sabe que la tengo en muy alta estima. Estoy a sus órdenes", les dice dándoles unas palmaditas sobre el hombro. Ellas se sienten tan en confianza, que en algunas ocasiones hasta lloran cuando le narran sus penas. De inmediato, don Oscar saca su pañuelo y les dice: "No quiero volver a ver esos ojos tan hermosos con lagrimitas".

Muy seguido al medio día, cuando se piden las tortas o las flautas, es el Sr. Cabrera quien paga la cuenta. El es el único en la oficina, que conoce de memoria aniversarios y onomásticos de los demás compañeros. Para festejarlos, generalmente le pide a Gilberto el *office boy*, que compre un pastel de Sanborn's, que él mismo paga. "Ya le vamos a cantar Las Mañanitas a Marisa", va avisando a cada cubículo. Cuando alguno de los compañeros se reporta enfermo, don Oscar pide su número de teléfono al departamento de personal y llama para saber cómo se encuentra. Cada vez que está de vacaciones, vuelve sólo tres días después. Le gusta pasar a la oficina para saludar personalmente a todos. "¿No quiere que le eche una manita con la lista de los clientes?", pregunta a Chelo la recepcionista. "Ay no, don Oscar, usted está de vacaciones". "Tanto mejor, porque así le puedo ayudar más", responde contento de servir aun en vacaciones.

Pero al Sr. Oscar Cabrera no le representaba ningún esfuerzo tanta atención hacia los demás, porque como él mismo dice, "así me educaron desde chiquito".

Oscar Ignacio José Cabrera Tenorio nació en Ríoverde, San Luis Potosí. Su padre médico, era dueño de la farmacia La Cruz Blanca, que atendía personalmente. Cuando Oscarito tenía apenas 7 años, el Dr. Cabrera murió de un infarto. En el momento de atender a las señoritas Noyola, el Dr.

Cabrera sintió que se le paralizaba el brazo izquierdo. En seguida, su corazón empezó a latir intensamente. Dos minutos más tarde, yacía en el suelo detrás del mostrador. Faltaba un cuarto de hora para las siete de la noche. Las señoritas Noyola corrieron del otro lado del mostrador, para buscar un poco de alcohol. Pero ya era demasiado tarde. El Dr. Oscar Cabrera había pasado a mejor vida. En la mano derecha aún sostenía la caja de bicarbonato, que le habían pedido las dos hermanas.

"¡Rápido, ve a buscar al padre Leonardo!", le ordenó Lupe a Conchita. Mientras tanto no muy lejos, en la calle Pablo Verástegui No. 12, Oscarito y su madre, doña Sarita, se preparaban para recibir al Dr. Cabrera, quien siempre llegaba cinco minutos después de las siete. De pronto escucharon unos golpes contra la puerta. "¡Doña Sarita! Abra rápido, que el doctor se está muriendo en la farmacia", informó sobresaltada Conchita Noyola. Incrédulos madre e hijo, salieron a la calle. Junto con la señorita Noyola corrieron a la farmacia. Cuando llegaron se encontraron con un tumulto. "Compermiso, compermiso", pedía doña Sarita, jalando a Oscarito de la mano. Allí estaban don Antonio de la tlapalería La Casa de Confianza; don Hugo Salcido R., del almacén Las Novedades; don Silvestre Zavala, el plomero; don Catalino, de la cantina El Gato Negro; don Arcadio Sandoval, dueño del hotel Colonial; el Sr. Juan J. Méndez, propietario de la fábrica de aguas gaseosas, El Popo; los tres hermanos Verástegui, que vendían naranjas, tomates, piloncillo, cacahuate y maíz garbanza, la Nena Ruiz y su hermana Celia; Aurora S. de Dofour, dueña de la bonetería El Obrero y naturalmente el padre Leonardo, que mientras sostenía la mano izquierda del Dr. Cabrera entre las suyas, encomendaba su alma a Dios Nuestro Señor. No había un médico, porque el único del pueblo era el que acababa de morir.

Don Galdino Martínez, distribuidor de la Corona Extra, le abrió paso a doña Sarita. Cuando por fin, pudo llegar a la trasbotica, donde sobre una mesa larga, había sido colocado el cuerpo del doctor, doña Sarita se lanzó sobre su marido. "¡Oscar, Oscar, contéstame por Dios!", gritaba entre

171

sollozos. Estaba pálida y miraba para todos lados como tratando de buscar consuelo. Oscarito, observaba la escena paralizado, sin poder reaccionar. Al verlo atónito, pero con los ojos llenos de lágrimas, doña María Demetria Villanueva, dueña de la panadería La Paz, lo tomó de la mano y como pudo lo sacó de la farmacia. En el camino bajo una espléndida luna, le iba preguntando: "¿Se te antoja una campechana? ¿O prefieres unas roscas torcidas?". Al llegar a la panadería le dio dos gaznates, lo sentó sobre el mostrador y le dijo: "Tú vas a ser el encargado de espantar todas las moscas que veas. No te muevas de aquí. Ahorita vengo". "Allí te lo encargo", le dijo a Bonifacio, encargado de la panadería. Oscarito estuvo espantando moscas más de una hora. "Este es el hijito del Dr. Cabrera, ¿verdad? Pobrecito", preguntó Paulita de Zárate a Julia C. de Anaya con su bolsa de pan en la mano y que ya se había enterado de la tragedia. Después vino a buscarlo Soledad, una de las sirvientas. Se lo llevó a su casa. Lo metió a su recámara. Mientras le ponía su piyama de franela, le contaba del muerto que había amanecido esa misma madrugada en el callejón de los Perros. "Yo lo conocía, se llamaba Alberto Pérez. Vendía quesos y era de la ranchería El Mezquital. El asesino le robó 275 pesos", le platicaba hasta que Oscarito se durmió. Al otro día, vestido con un saquito y unos pantalones cortos azul marino comprados en El Telegrafo S. de R. L, (la mejor tienda de ropa), no soltó la mano de su madre durante la misa de cuerpo presente y todo lo que duró el entierro de su padre.

Veinte años vivió Oscar Cabrera con estas tres distinguidas damas de la sociedad rioverdense. Durante todo ese tiempo, en una vieja casona que olía a orines de gato no hizo más que escuchar recomendaciones de cómo comportarse en sociedad y el continuo relato de chismes y lamentaciones. Por las noches, escuchaba sus ronquidos, cómo usaban la bacinica y los sobresaltos que les causaban sus pesadillas. De esas mujeres, que pertenecían a la Junta Patriótica, conoció sus rencores, sus pleitos, sus letanías rezadas en voz alta; las oyó tocar eternos valses en el piano, entonar canciones vernáculas, y enhebrar fantasías y recuerdos. Supo de sus mezquindades, de sus avaricias, obsesiones y nostalgias. Se estremeció con los insultos recíprocos y las disputas por la herencia de la madre. Se entristeció viendo a su tía Emilia escribirle cartas de amor a su novio imaginario de San Luis Potosí, de escucharla llorar por las noches, llamándolo desesperadamente, de ver cómo la opacaba su hermana y cómo se burlaba de ella su madre. Padeció sus complejos, sus manías, sus envidias, sus dolencias físicas, sus quejas contra el gobierno, sus menopausias, sus rechazos, sus sole- dades y sus silencios llenos de amargura.

De sus cosas personales, don Oscar nunca hablaba con los compañeros de la oficina. El decía que estaba casado pero que su mujer vivía en Ríoverde, porque no soportaba el aire contaminado de la ciudad. "Es que por allá es muy bonito. Hay muchos árboles y agua. Mi señora necesita ir casi todos los días al manantial La Media Luna para la salud. Cuando venga a México, le voy a decir que pase por mí para presentárselas", prometía don Oscar. Sin embargo, la esposa no aparecía nunca. En los brindis de fin de año o en las reuniones en casa de los demás compañeros, don Oscar, siempre llegaba solo, en taxi (pues el Volkswagen que tenía era de la compañía). Por lo general, lo llevaba de regreso un compañero de la oficina. A pesar de que el Sr. Cabrera, tenía altas comisiones, pues era uno de los agentes que contaba con los mejores clientes, rentaba un pequeño de- partamento en un edificio viejo de la calle de Mazatlán.

Los miércoles, don Oscar era de los últimos en salir de la oficina. Le gustaba quedarse hasta muy tarde, para revi- sar cuidadosamente los expedientes de sus clientes, pues los jueves por la mañana tenía junta con el director. Frente a la computadora, se quedaba largo rato, consultando cifras y revisando contratos y facturas. Muchas veces, escribía él mismo a máquina la correspondencia para sus clientes. Al hacerlo, como al conversar, cuidaba mucho del estilo y del vocabulario. "Al hablar, como al guisar, su granito de sal", le decía a Margarita, una de las secretarias, que le hacía mucha burla a don Oscar, porque decía cosas como: goma de mascar, golosina, césped, la acera, etc. "Ay, don Oscar, usted es como antiguo. ¿Así son todos en Greenriver?", le preguntó un día Margarita. "Recuerde siempre que: 'El hablar a todos bien y darles buena respuesta mucho vale y poco cuesta', le dijo. Su computadora, era la única que tenía una cubierta. Sobre su mesa, un vaso de cuero mostraba siempre lápices con la punta afilada. De todos sus colegas, solamente el Sr. Cabrera, conservaba en buen estado la engrapadora, las tijeras, los plumones de colores, el sacapuntas, la calculadora, la agenda con los nombres de todos los clientes, los marcadores amarillos, el abrecartas; hasta un diccionario Porrúa tenía. Todo esto lo prestaba, siempre y cuando pudiera recuperarlo el mismo día.

Al retirarse, cerraba con llave la puerta de su cubículo, y bajaba por las escaleras para verificar si las otras oficinas estaban bien cerradas.

"Buenas noches, Jesús. Que descanse. Hasta mañana", se despidió del portero. Con su portafolios en la mano, buscó un taxi y se fue a su casa.

Su departamento comprendía tres piezas: la sala-comedor, una pequeña cocina y su recámara. Al llegar, lo primero con que se encontraba don Oscar, era un armario de principios de siglo en madera oscura. Sobre la puerta, tenía una gran luna. A un lado había un sillón, forrado con terciopelo color oro y una mecedora de bejuco. No muy lejos se encontraba la mesa redonda del comedor, con cuatro sillas estilo austriaco también de bejuco. En la pared del centro había una fotografía de su abuela con sus dos hijas retratadas en la Plaza de Armas de Ríoverde. Contra el muro, había un estante con muchos libros de historia, varios discos Long Play de música clásica y un tocadiscos viejo R.C.A. En su recámara, nada más había una cama antigua individual en latón dorado, cubierta con una colcha tejida en gancho. Arriba de la cabecera, estaba una fotografía de su madre tomada en 1924. A un lado de la cama, un pequeño buró, con una lámpara en forma de quinqué y un libro de poesía de Jaime Torres Bodet. Al fondo, un tocador de madera oscura hacía juego con el armario de la sala. Había pertenecido a su abuela.

Esta noche don Oscar se sentía contento, pues había recibido la confirmación de tres clientes nuevos que se aseguraban por todos los servicios que ofrecía el Grupo Nacional Provincial. Al entrar a su departamento, encendió la luz y colocó su portafolios sobre la mesa del comedor. Se quitó su eterna corbata tejida en color guinda y el saco, y se fue a la cocina. De un viejo mueble sacó una ollita; la llenó con agua y puso dentro unas hojas de naranjo que ya habían servido anteriormente. Luego abrió una pequeña despensa y sacó una bolsa de papel, donde había un poco de pan dulce, junto con una taza y un plato, la llevó a la mesa del comedor.

Enseguida buscó un disco, lo sacó de una funda muy manoseada. Lo colocó en el tocadiscos, pero antes de hacerlo funcionar, se dirigió hacia el gran armario y lo abrió. Allí colgaban varios vestidos largos de principios de siglo. Habían pertenecido a su abuela. Sacó el negro de encaje y alforzas, comprado en 1910 en "La Exposición" el mejor almacén de San Luis Potosí, para celebrar el centenario de la Independencia, en el Palacio Municipal de Ríoverde. Lo sacó del gancho y rápidamente se lo puso sobre la camisa y de los pantalones. Con cierta dificultad se abrochó cada uno de los botoncitos de la parte de atrás y los de las mangas. Oscar era aún más delgado de lo que había sido doña Sara. El estilo y los encajes del cuello alto contrastaban con la barba cerrada y los bigotes abundantes y perfectamente cortados. Así vestido, la calva de Oscar parecía más desnuda. Por el contraste del negro del vestido, su rostro lucía aún más pálido. Sus zapatos bostonianos se veían particularmente toscos.

Fue hacia la cocina y apagó la lumbre de la estufa. Su té de hojas de naranjo se veía muy concentrado. En seguida se fue a la sala, al lugar donde estaba el tocadiscos, limpió la aguja y lo encendió. Dio unos pasos y frente a la gran luna del armario, con ambas manos levantó ligeramente la falda de su vestido y esperó que comenzara a tocar la Obertura de *El Murciélago*, la opereta de Johann Strauss. Era un disco viejo, escuchado seguramente centenas y centenas de veces. Poco a poco, se escuchó la entrada de la orquesta. Primero los violines. Luego el oboe. De nuevo los violines anunciando el fragmento más conocido de la opereta. Como una dama de la alta sociedad de Ríoverde, Oscar, comenzó a bailar. De pronto, la música de los oboes se entristecen.

En ese momento Oscar se inclina un poco hacia adelante y alargando el brazo comienza a decir muy quedito: "Primero las damas. ¿Verdad mamá que primero son las damas? Por favor, señora Tenorio, pase usted primero. Después de usted, doña Sarita. Pero, señorita Emilia, ¡faltaba más! Porque a mí siempre me enseñaron que primero son las damas. En la casa del honorable Doctor Cabrera e Izar, siempre han sido ellas, las damas, primero. Y yo como soy tan educado y tan fino, a ellas las dejo pasar en primer lugar. ¿Verdad mamá que si yo hubiera sido realmente una dama, los caballeros, me hubieran dejado pasar primero? Pero en el fondo, mamá, soy como una dama, porque soy tan fino. Ya ves, abuela, ¿cómo no se me han olvidado los buenos modales? En la oficina, siempre digo, como tú me enseñaste: 'Primero las damas'. Así como ustedes tres, que siempre fueron unas damas distinguidas", decía en tanto que giraba y giraba como si él mismo fuera un ratón volador.

Súbitamente Oscar Ignacio José Cabrera Tenorio dejó de girar frente al espejo, se miró y como una dama, cubrió su rostro con las manos y se puso a llorar.